PONS

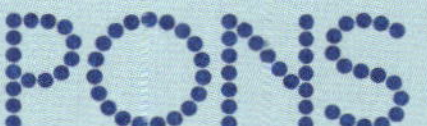

DEUTSCH VON 0 AUF 500

Spielend leicht Deutsch lernen mit nur 5 Wörtern am Tag

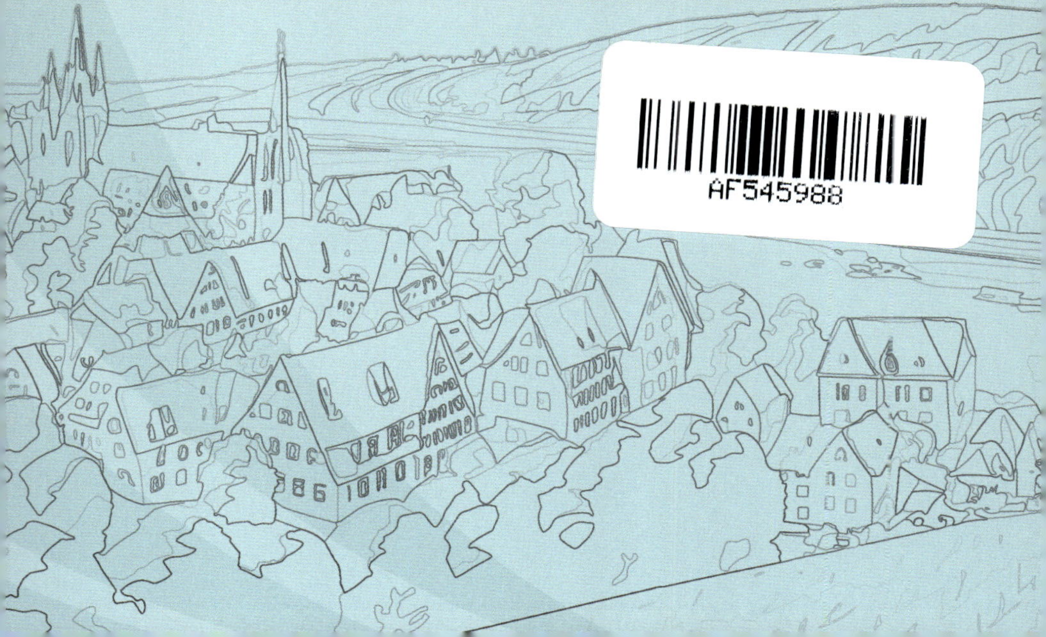

Deine Themen – Woche für Woche

TAG 1

1 Lies das Wort laut vor und schreibe es auf.

das **Haar**
[haːɐ̯]

das **Ohr**
[oːɐ̯]

das **Auge**
[ˈaugə]

der **Zahn**
[tsaːn]

der **Mund**
[mʊnt]

2 Präge dir die 5 Wörter kurz ein.

3 Verdecke die linke Seite, vervollständige die Wörter und sprich sie aus.

das **H** ....

das **O** ....

das **A** ....

der **M** ....

der **Z** ....

4 Geschafft? Abgehakt!

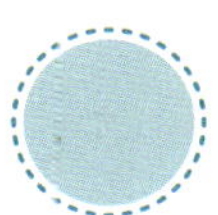

TAG 2

1 Lies das Wort laut vor und schreibe es auf.

die **Bibliothek**
[biblio'te:k]

das **Theater**
[te'atɐ]

das **Museum**
[mu'ze:ʊm]

das **Kino**
['ki:no]

das **Café**
[ka'fe:]

2 Präge dir die 5 Wörter kurz ein.

3 Verdecke die linke Seite, vervollständige die Wörter und sprich sie aus.

die **B** ....

das **T** ....

das **K** ....

das **M** ....

das **C** ....

4 Geschafft? Abgehakt!

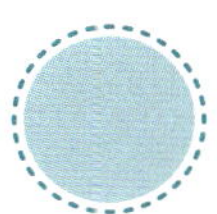

TAG 3

1 Lies das Wort laut vor und schreibe es auf.

der **Brokkoli**
[ˈbrɔkoli]

----

die **Nudeln**
[ˈnuːdl̩n]

das **Messer**
[ˈmɛsɐ]

----

der **Fisch**
[fɪʃ]

----

die **Gabel**
[ˈɡaːbl̩]

2 Präge dir die 5 Wörter kurz ein.

3 Verdecke die linke Seite, vervollständige die Wörter und sprich sie aus.

der **F** ....

der **B** ....

die **N** ....

die **G** ....

das **M** ....

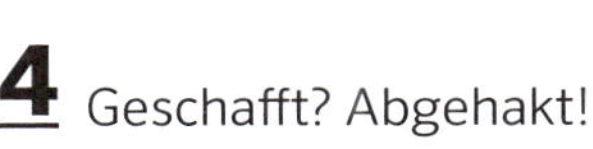

4 Geschafft? Abgehakt!

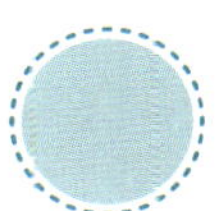

TAG 4

1 Lies das Wort laut vor und schreibe es auf.

gut
[guːt]

der **Fehler**
[ˈfeːlɐ]

schlecht
[ʃlɛçt]

richtig
[ˈrɪçtɪç]

falsch
[falʃ]

2 Präge dir die 5 Wörter kurz ein.

3 Verdecke die linke Seite, vervollständige die Wörter und sprich sie aus.

g ....

der **F** ....

s ....

r ....

f ....

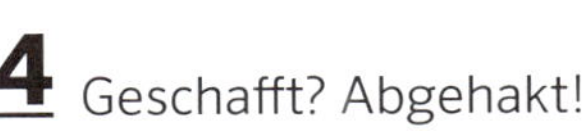

4 Geschafft? Abgehakt!

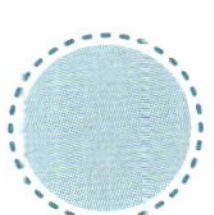

TAG **5**

1 Lies das Wort laut vor und schreibe es auf.

der **Stuhl**
[ʃtuːl]

das **Regal**
[reˈgaːl]

der **Herd**
[heːɐ̯t]

der **Tisch**
[tɪʃ]

der **Backofen**
[ˈbakʔoːfn̩]

2 Präge dir die 5 Wörter kurz ein.

3 Verdecke die linke Seite, vervollständige die Wörter und sprich sie aus.

das **R** ....

der **T** ....

der **S** ....

der **H** ....

der **B** ....

4 Geschafft? Abgehakt!

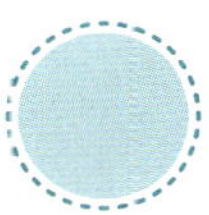

TESTE DICH! Wie viele Wörter der letzten 5 Tage kannst du noch?

1 Verbinde jedes Bild mit dem richtigen Wort.

richtig **die Bibliothek** **das Auge** **der Brokkoli** **das Haar** **das Museum** **der Herd** **der Fehler**

der Stuhl **das Café** **falsch** **das Theater** **gut** **das Kino** **schlecht**

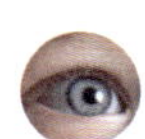  

2 Ergänze die Lücken und suche die Wörter im Wortgitter.

der **B __ ck __ f __ n**
der **F __ sch**
die **G __ b __ l**
das **M __ ss __ r**
der **M __ nd**
die **N __ d __ ln**
das **Oh __**
das **R __ g __ l**
der **Tis __ h**
der **Za __ n**

G	F	B	K	M	U	N	D
A	M	E	S	S	E	R	J
B	A	C	K	O	F	E	N
E	F	D	T	A	C	G	U
L	U	I	I	O	P	A	D
X	A	L	S	G	H	L	E
H	M	O	C	C	I	R	L
E	Z	A	H	N	H	B	N

3 Schreibe die Buchstaben in der richtigen Reihenfolge.

das **Cféa**	die **Gaelb** ....
der **Mnud**	der **Sthul** ....
scheltch	das **Ague** ....
der **Baofekcn**	der **Fsich** ....
der **Bokrlkoi**	der **Fehrel** ....
fsalch	**ritchgi** ....
die **Bibthlioek**	der **Hder** ....
das **Hara**	die **Nudnle** ....
das **Knoi**	der **Znha** ....
das **Meessr**	**gtu** ....
der **Tichs**	das **Threaet** ....
das **Mseumu**	das **Rgael** ....
das **Orh**	

Geschafft? Abgehakt!

TAG 1

1 Lies das Wort laut vor und schreibe es auf.

lachen
[ˈlaxn̩]

weinen
[ˈvainən]

traurig
[ˈtraurɪç]

wütend
[ˈvy:tn̩t]

müde
[ˈmy:də]

2 Präge dir die 5 Wörter kurz ein.

3 Verdecke die linke Seite, vervollständige die Wörter und sprich sie aus.

l ....

w ....

t ....

w ....

m ....

4 Geschafft? Abgehakt!

TAG 2

1 Lies das Wort laut vor und schreibe es auf.

die **Blume**
[ˈbluːmə]

die **Pflanze**
[ˈpflantsə]

das **Insekt**
[ɪnˈzɛkt]

der **Fisch**
[fɪʃ]

der **Frosch**
[frɔʃ]

2 Präge dir die 5 Wörter kurz ein.

3 Verdecke die linke Seite, vervollständige die Wörter und sprich sie aus.

die **P** ....

die **B** ....

der **F** ....

der **F** ....

das **I** ....

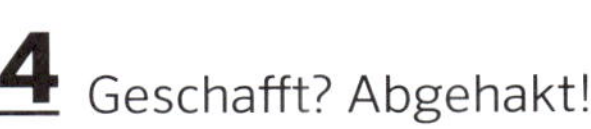

4 Geschafft? Abgehakt!

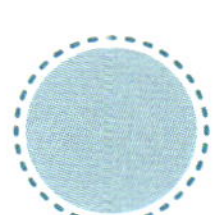

TAG 3

1 Lies das Wort laut vor und schreibe es auf.

tippen
[ˈtɪpn̩]

klicken
[ˈklɪkn̩]

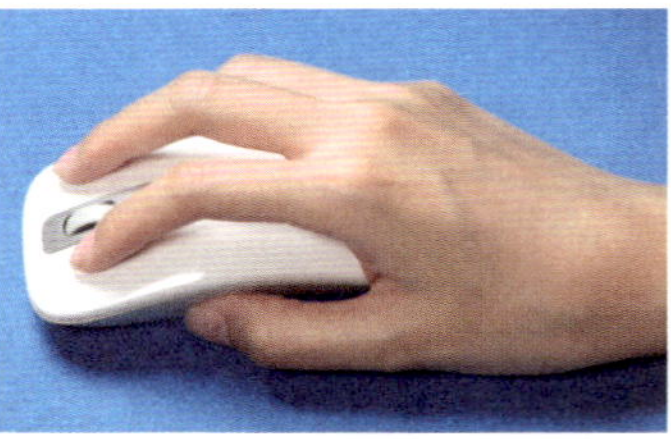

das **WLAN**
[ˈveːlan]

die **Nachricht**
[ˈnaːxrɪçt]

die **sozialen Medien**
[zoˈtsiaːlən ˈmeːdiən]

2 Präge dir die 5 Wörter kurz ein.

3 Verdecke die linke Seite, vervollständige die Wörter und sprich sie aus.

t ....

k ....

das **W** ....

die **N** ....

die **s** ....

4 Geschafft? Abgehakt.

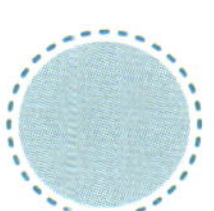

TAG 4

1 Lies das Wort laut vor und schreibe es auf.

das **Reiseziel**
[ˈraizətsiːl]

verspätet
[fɛɐ̯ˈʃpɛːtət]

DEPARTURES 08:30

time	to	gate	info
08:52	TORONTO	C12	BOARDING
09:05	LONDON	A10	GATE OPEN
10:20	NEW YORK	B09	DELAYED
10:28	BUCHAREST	C42	CANCELED
11:02	BUDAPEST	A30	ON TIME
11:25	ROME	B19	ON TIME

pünktlich
[ˈpʏŋktlɪç]

die **Uhrzeit**
[ˈuːɐ̯tsait]

das **Gate**
[geːt]

2 Präge dir die 5 Wörter kurz ein.

3 Verdecke die linke Seite, vervollständige die Wörter und sprich sie aus.

das **R** ....

die **U** ....

das **G** ....

v ....

p ....

4 Geschafft? Abgehakt!

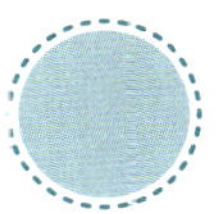

TAG 5

1 Lies das Wort laut vor und schreibe es auf.

das **belegte Brot**
[bəˈleːktə ˈbroːt]

der **Kuchen**
[ˈkuːxn̩]

die **Suppe**
[ˈzʊpə]

der **Eintopf**
[ˈaintɔpf]

der **Salat**
[zaˈlaːt]

2 Präge dir die 5 Wörter kurz ein.

3 Verdecke die linke Seite, vervollständige die Wörter und sprich sie aus.

das **b** ....

der **K** ....

die **S** ....

der **E** ....

der **S** ....

4 Geschafft? Abgehakt!

TESTE DICH!

Wie viele Wörter der letzten 5 Tage kannst du noch?

1 Verbinde jedes Bild mit dem richtigen Wort.

weinen **das WLAN** **tippen** **der Eintopf** **das belegte Brot** **traurig** **die Nachricht** **klicken**

wütend **die Suppe** **die sozialen Medien** **der Kuchen** **müde** **der Salat** **lachen**

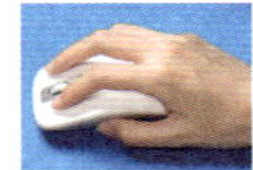

2 Ergänze die Lücken und suche die Wörter im Wortgitter.

das **l __ se __ t**
pü __ kt __ i __ h
das **R __ is __ z __ el**
die **Bl __ me**
der **Fr __ s __ h**
die **U __ rz __ it**
der **F __ sch**
v __ rs __ ät __ t
die **Pf __ an __ e**
das **G __ te**

F	L	C	K	I	M	B	S	F	O	U
I	P	P	Ü	N	K	T	L	I	C	H
S	F	R	O	S	C	H	Z	U	P	R
C	L	Q	U	E	Y	G	T	I	M	Z
H	A	G	R	K	J	E	A	S	D	E
V	N	S	H	T	A	N	W	T	M	I
U	Z	V	E	R	S	P	Ä	T	E	T
B	E	R	E	I	S	E	Z	I	E	L

   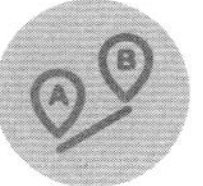 

3 Schreibe die Buchstaben in der richtigen Reihenfolge.

das **Ineskt**	die **Ncharihct** ....
wdüten	die **Sppue** ....
das **Gtae**	**tauirgr** ....
der **Satla**	**tipepn** ....
klcikne	die **Uhrtzei** ....
pünkilcht	**verätspet** ....
die **Pfleazn**	der **Eitnopf** ....
lachne	das **WLNA** ....
der **Fohsrc**	**medü** ....
die **sozienal Medein**	das **Risezeeli** ....
der **Kucnhe**	die **Blmue** ....
der **Fcsih**	das **beltege Botr** ....
wneien	

Geschafft? Abgehakt!

TAG 1

1 Lies das Wort laut vor und schreibe es auf.

das **Haus**
[haus]

der **Garten**
[ˈgartn̩]

der **Weg**
[veːk]

die **Tür**
[tyːɐ̯]

der **Rasen**
[ˈraːzn̩]

2 Präge dir die 5 Wörter kurz ein.

3 Verdecke die linke Seite, vervollständige die Wörter und sprich sie aus.

das **H** ....

der **G** ....

die **T** ....

der **W** ....

der **R** ....

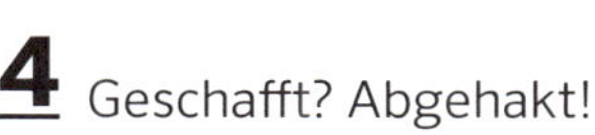

4 Geschafft? Abgehakt!

TAG 2

1 Lies das Wort laut vor und schreibe es auf.

schwimmen
[ˈʃvɪmən]

der **Volleyball**
[ˈvɔlibal]

das **Skifahren**
[ˈʃiːfaːrən]

der **Basketball**
[ˈbaːskətbal]

das **Tennis**
[ˈtɛnɪs]

2 Präge dir die 5 Wörter kurz ein.

3 Verdecke die linke Seite, vervollständige die Wörter und sprich sie aus.

s ....

der **V** ....

der **B** ....

das **T** ....

das **S** ....

4 Geschafft? Abgehakt!

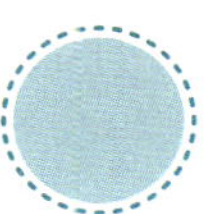

TAG **3**

1 Lies das Wort laut vor und schreibe es auf.

die **Briefmarke**
[ˈbri:fmarkə]

die **Adresse**
[aˈdrɛsə]

der **Briefkasten**
[ˈbri:fkastn̩]

das **Paket**
[paˈke:t]

der **Brief**
[bri:f]

2 Präge dir die 5 Wörter kurz ein.

3 Verdecke die linke Seite, vervollständige die Wörter und sprich sie aus.

die **B** ....

die **A** ....

der **B** ....

das **P** ....

der **B** ....

4 Geschafft? Abgehakt!

TAG 4

1 Lies das Wort laut vor und schreibe es auf.

das **Kleid**
[klait]

das **T-Shirt**
[ˈtiːʃøːɐ̯t]

die **Shorts**
[ʃɔrts]

die **Sandale**
[zanˈdaːlə]

der **Schuh**
[ʃuː]

2 Präge dir die 5 Wörter kurz ein.

3 Verdecke die linke Seite, vervollständige die Wörter und sprich sie aus.

der **S** ....

das **T** ....

die **S** ....

das **K** ....

die **S** ....

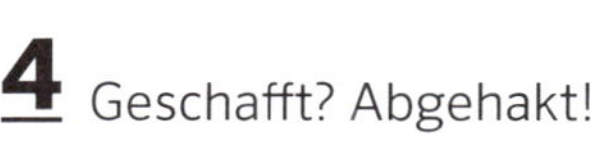
4 Geschafft? Abgehakt!

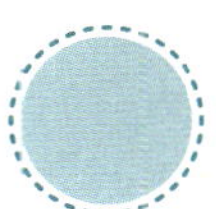

TAG 5

1 Lies das Wort laut vor und schreibe es auf.

die **Kuh**
[kuː]

---

der **Esel**
[ˈeːzl̩]

das **Schwein**
[ʃvain]

---

die **Ziege**
[ˈtsiːgə]

---

das **Schaf**
[ʃaːf]

2 Präge dir die 5 Wörter kurz ein.

3 Verdecke die linke Seite, vervollständige die Wörter und sprich sie aus.

der **E** ....

die **Z** ....

das **S** ....

das **S** ....

die **K** ....

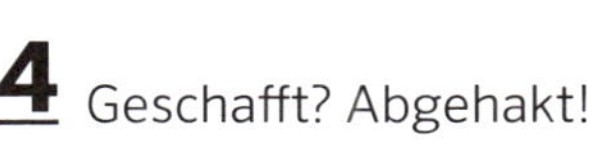

4 Geschafft? Abgehakt!

TESTE DICH! Wie viele Wörter der letzten 5 Tage kannst du noch?

1 Verbinde jedes Bild mit dem richtigen Wort.

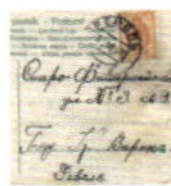

die Ziege | **die Briefmarke** | **der Volleyball** | **der Rasen** | **die Sandale** | **das Schwein** | **das Tennis** | **die Adresse**

der Brief | **der Schuh** | **der Briefkasten** | **das Skifahren** | **der Basketball** | **das Paket** | **schwimmen**

2 Ergänze die Lücken und suche die Wörter im Wortgitter.

der **Es __ l**
der **G __ rt __ n**
das **Ha __ s**
das **K __ e __ d**
die **Ku __**
das **S __ ha __**
die **Sh __ r __ s**
das **T-S __ i __ t**
die **T __ r**
der **We __**

T	S	H	I	R	T	K	L
M	Ü	H	H	Q	G	L	V
R	W	R	O	U	W	E	G
N	D	K	E	R	F	I	A
A	S	U	H	I	T	D	R
S	C	H	A	F	T	S	T
O	Y	P	U	S	J	K	E
B	C	E	S	E	L	U	N

3 Schreibe die Buchstaben in der richtigen Reihenfolge.

das **Skirfhena** ....

der **Wge** ....

die **Shrots** ....

die **Khu** ....

die **Adsrees** ....

die **Sanlade** ....

sweihmcnm ....

das **Husa** ....

der **Balsetlbak** ....

der **Brife** ....

die **Zigee** ....

das **Tenisn** ....

der **Graten** ....

das **Pktea** ....

das **Shcweni** ....

die **Trü** ....

die **Bremarkife** ....

das **T-Sihtr** ....

das **Kledi** ....

das **Sahfc** ....

der **Birefkantse** ....

der **Raens** ....

der **Shcuh** ....

der **Vlalblleoy** ....

der **Esle** ....

Geschafft? Abgehakt!

TAG 1

1 Lies das Wort laut vor und schreibe es auf.

der **Vater**
[ˈfaːtɐ]

---

die **Tochter**
[ˈtɔxtɐ]

die **Familie**
[faˈmiːli̯ə]

---

der **Sohn**
[zoːn]

---

die **Mutter**
[ˈmʊtɐ]

2 Präge dir die 5 Wörter kurz ein.

3 Verdecke die linke Seite, vervollständige die Wörter und sprich sie aus.

die **T** ....

der **S** ....

die **M** ....

der **V** ....

die **F** ....

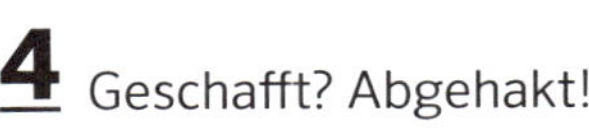

4 Geschafft? Abgehakt!

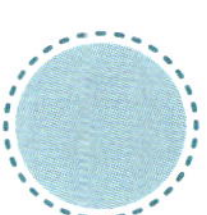

TAG **2**

1 Lies das Wort laut vor und schreibe es auf.

einkaufen gehen
[ˈainkaufn̩ ˈgeːən]

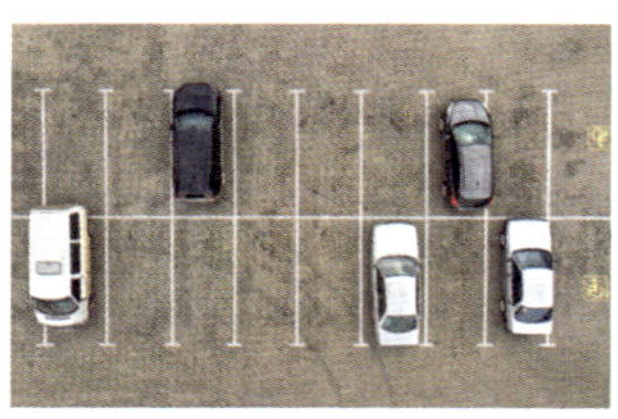

bezahlen
[bəˈtsaːlən]

der **Parkplatz**
[ˈparkplats]

parken
[ˈparkn̩]

der **Supermarkt**
[ˈzuːpɐmarkt]

2 Präge dir die 5 Wörter kurz ein.

3 Verdecke die linke Seite, vervollständige die Wörter und sprich sie aus.

e ....

b ....

p ....

der **P** ....

der **S** ....

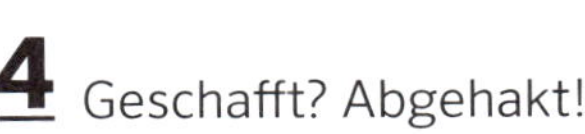

4 Geschafft? Abgehakt!

TAG 3

1 Lies das Wort laut vor und schreibe es auf.

die **Milch**
[mɪlç]

---

die **Sahne**
[ˈzaːnə]

---

der **Käse**
[ˈkɛːzə]

das **Ei**
[ai]

---

der **Joghurt**
[ˈjoːgʊrt]

2 Präge dir die 5 Wörter kurz ein.

3 Verdecke die linke Seite, vervollständige die Wörter und sprich sie aus.

die **M** ....

die **S** ....

der **J** ....

der **K** ....

das **E** ....

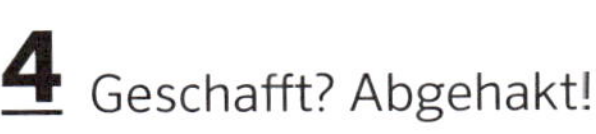

4 Geschafft? Abgehakt!

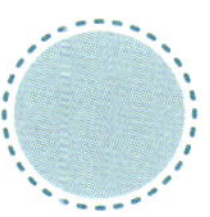

TAG 4

1 Lies das Wort laut vor und schreibe es auf.

die **E-Mail**
[ˈiːmeːl]

das **Telefon**
[ˈteːlefoːn]

der **Akku**
[ˈaku]

jemanden anrufen
[ˌjeːmandn̩ ˈʔanruːfn̩]

telefonieren
[telefoˈniːrən]

2 Präge dir die 5 Wörter kurz ein.

3 Verdecke die linke Seite, vervollständige die Wörter und sprich sie aus.

die **E** ....

das **T** ....

der **A** ....

j ....

t ....

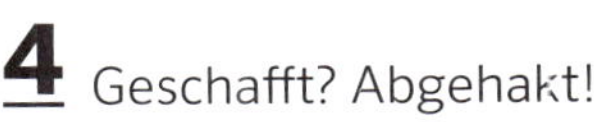

4 Geschafft? Abgehakt!

TAG 5

1 Lies das Wort laut vor und schreibe es auf.

das **Haustier**
[ˈhaustiːɐ̯]

das **Tier**
[tiːɐ̯]

der **Mensch**
[mɛnʃ]

die **Katze**
[ˈkatsə]

der **Hund**
[hʊnt]

2 Präge dir die 5 Wörter kurz ein.

3 Verdecke die linke Seite, vervollständige die Wörter und sprich sie aus.

das **H** ....

das **T** ....

der **M** ....

die **K** ....

der **H** ....

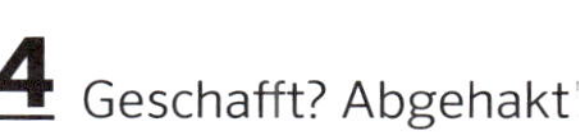

4 Geschafft? Abgehakt!

TESTE DICH! Wie viele Wörter der letzten 5 Tage kannst du noch?

1 Verbinde jedes Bild mit dem richtigen Wort.

die E-Mail | der Hund | bezahlen | das Haustier | der Parkplatz | der Akku | das Tier | einkaufen gehen

das Telefon | telefonieren | die Katze | parken | der Supermarkt | der Mensch | jemanden anrufen

2 Ergänze die Lücken und suche die Wörter im Wortgitter.

das **E __**
die **Fa __ ili __**
der **J __ gh __ rt**
der **Kä __ e**
die **M __ lc __**
die **M __ tt __ r**
die **S __ hn __**
der **S __ hn**
die **Toch __ e __**
der **Va __ e __**

M	U	T	T	E	R	H	A
I	J	K	G	P	N	F	V
L	O	Ä	J	E	I	A	A
C	G	S	L	D	S	M	T
H	H	E	A	I	O	I	E
R	U	E	C	H	K	L	R
F	R	S	O	H	N	I	B
M	T	O	C	H	T	E	R

3 Schreibe die Buchstaben in der richtigen Reihenfolge.

die **Tohcert** ________	der **Kesä** ________
der **Shno** ________	der **Msenhc** ________
der **Suprtkrame** ________	die **Mutert** ________
der **Vetar** ________	die **Michl** ________
der **Akuk** ________	das **Tfonele** ________
der **Hdun** ________	**jndnmeae anrunef** ________
die **Sehna** ________	die **Kztae** ________
teleirneeonf ________	der **Jgohrut** ________
eeifnkaun genhe ________	die **Fmailei** ________
parnke ________	die **E-laMi** ________
das **Ei** ________	**beezhlan** ________
das **Trie** ________	das **Hausriet** ________
der **Paprklatz** ________	

Geschafft? Abgehakt!

TAG 1

1 Lies das Wort laut vor und schreibe es auf.

der **Pool**
[puːl]

der **Strand**
[ʃtrant]

der **Urlaub**
[ˈuːɐ̯laup]

der **Sand**
[zant]

das **Meer**
[meːɐ̯]

2 Präge dir die 5 Wörter kurz ein.

3 Verdecke die linke Seite, vervollständige die Wörter und sprich sie aus.

der **U** ....

der **P** ....

der **S** ....

das **M** ....

der **S** ....

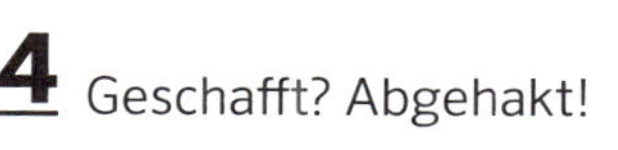

4 Geschafft? Abgehakt!

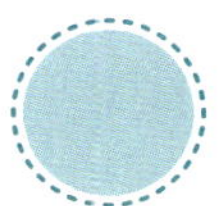

TAG **2**

1 Lies das Wort laut vor und schreibe es auf.

die **Post**
[pɔst]

das
Krankenhaus
[ˈkraŋkn̩haus]

die **Apotheke**
[apoˈteːkə]

die **Polizei**
[poliˈtsai]

die **Feuerwehr**
[ˈfɔyɐveːɐ̯]

2 Präge dir die 5 Wörter kurz ein.

3 Verdecke die linke Seite, vervollständige die Wörter und sprich sie aus.

die **P** ....

das **K** ....

die **A** ....

die **P** ....

die **F** ....

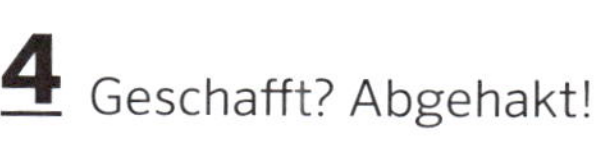

4 Geschafft? Abgehakt!

TAG **3**

1 Lies das Wort laut vor und schreibe es auf.

lächeln
[ˈlɛçl̩n]

die **Eltern**
[ˈɛltɐn]

das **Baby**
[ˈbeːbi]

der **Mann**
[man]

die **Frau**
[frau]

2 Präge dir die 5 Wörter kurz ein.

3 Verdecke die linke Seite, vervollständige die Wörter und sprich sie aus.

die **E** ....

das **B** ....

der **M** ....

die **F** ....

I ....

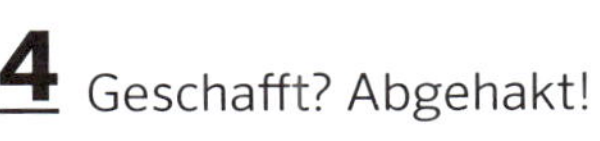

4 Geschafft? Abgehakt!

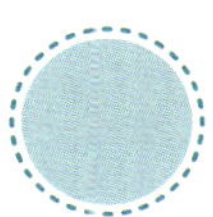

TAG 4

1 Lies das Wort laut vor und schreibe es auf.

das **Auto**
[ˈauto]

---

der **Helm**
[hɛlm]

der **Bus**
[bʊs]

---

das **Fahrrad**
[ˈfaːɐ̯raːt]

---

bremsen
[ˈbrɛmzn̩]

2 Präge dir die 5 Wörter kurz ein.

3 Verdecke die linke Seite, vervollständige die Wörter und sprich sie aus.

das **A** ....

der **B** ....

das **F** ....

der **H** ....

b ....

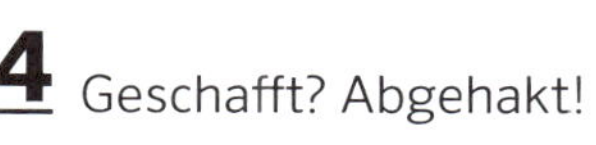

4 Geschafft? Abgehakt!

TAG 5

1 Lies das Wort laut vor und schreibe es auf.

die **Tomate**
[toˈmaːtə]

---

das **Hähnchen**
[ˈhɛːnçən]

die **Gurke**
[ˈgʊrkə]

---

der/die **Paprika**
[ˈpaprika]

---

der **Champignon**
[ˈʃampɪnjɔŋ]

2 Präge dir die 5 Wörter kurz ein.

3 Verdecke die linke Seite, vervollständige die Wörter und sprich sie aus.

das **H** ....

der **C** ....

der/die **P** ....

die **T** ....

die **G** ....

4 Geschafft? Abgehakt!

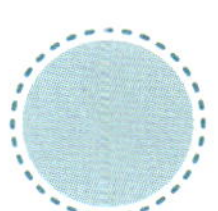

TESTE DICH! Wie viele Wörter der letzten 5 Tage kannst du noch?

1 Verbinde jedes Bild mit dem richtigen Wort.

der Pool	der Strand	die Post	die Apotheke	die Polizei	das Baby	der Mann	das Krankenhaus
die Frau	die Feuerwehr	der Helm	der/die Paprika	bremsen	die Tomate	die Gurke	

2 Ergänze die Lücken und suche die Wörter im Wortgitter.

das **A __ to**
der **Bu __**
der **Ch __ m __ ig __ o __**
die **E __ t __ rn**
das **F __ hr __ a __**
das **H __ h __ ch __ n**
l __ chel __
das **M __ er**
der **Sa __ d**
der **Ur __ a __ b**

F	U	E	L	T	E	R	N	J	H
X	A	L	Ä	C	H	E	L	N	Ä
D	U	H	W	E	O	H	Y	B	H
N	T	T	R	A	S	S	K	I	N
V	O	G	U	R	L	A	U	B	C
M	E	E	R	R	A	N	Z	U	H
M	C	Q	U	L	P	D	F	S	E
C	H	A	M	P	I	G	N	O	N

3 Schreibe die Buchstaben in der richtigen Reihenfolge.

der **Urlabu**	die **Faur** ....
die **Fwrehreue**	der/die **Pkapria** ....
das **Mere**	der **Strdan** ....
das **Farrhad**	die **Eltrne** ....
die **Gruke**	der **Bsu** ....
das **Bayb**	der **Hlem** ....
breemsn	die **Tmtaoe** ....
die **Pots**	der **Mnan** ....
die **Apethoek**	der **Sdan** ....
lähceln	das **Auot** ....
der **Cahgominpn**	das **Kaerknhunas** ....
die **Pzeiloi**	das **Hähcnhne** ....
der **Polo**	

Geschafft? Abgehakt!

TAG 1

1 Lies das Wort laut vor und schreibe es auf.

die Wäsche waschen
[diː ˈvɛʃə ˈvaʃn̩]

nass
[nas]

trocken
[ˈtrɔkn̩]

schmutzig
[ˈʃmʊtsɪç]

sauber
[ˈzaubɐ]

2 Präge dir die 5 Wörter kurz ein.

3 Verdecke die linke Seite, vervollständige die Wörter und sprich sie aus.

d ....

n ....

t ....

s ....

s ....

4 Geschafft? Abgehakt!

TAG 2

1 Lies das Wort laut vor und schreibe es auf.

heute
[ˈhɔytə]

morgen
[ˈmɔrgn̩]

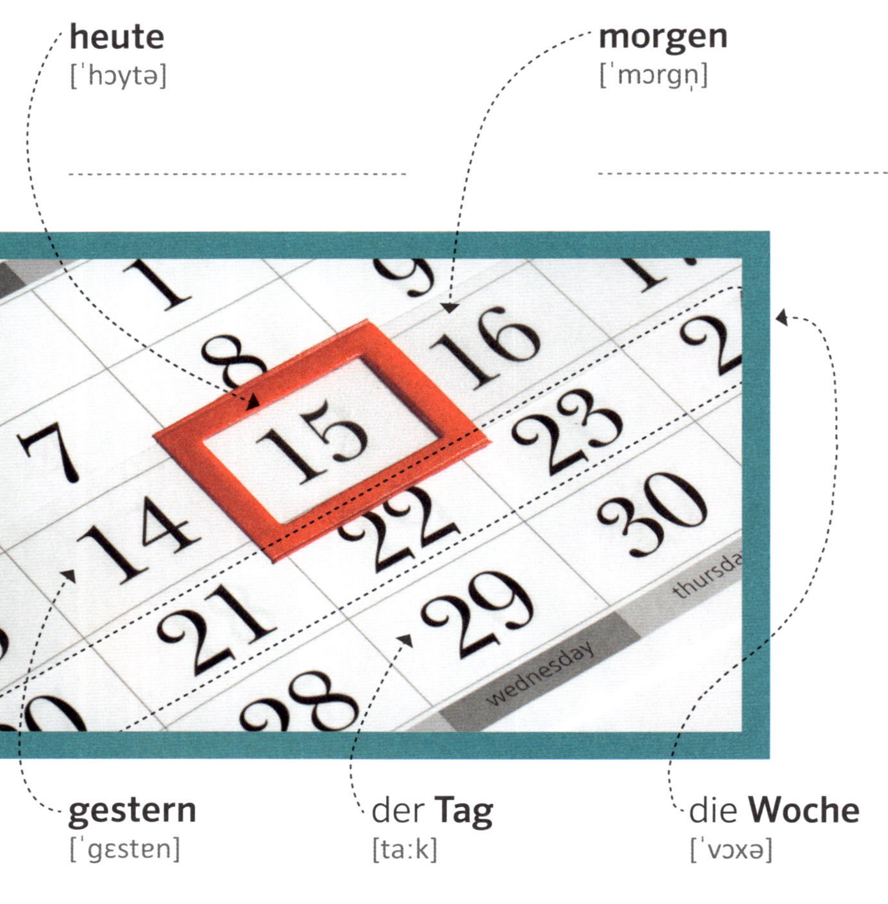

gestern
[ˈgɛstɐn]

der **Tag**
[taːk]

die **Woche**
[ˈvɔxə]

2 Präge dir die 5 Wörter kurz ein.

3 Verdecke die linke Seite, vervollständige die Wörter und sprich sie aus.

h ....

m ....

g ....

die **W** ....

der **T** ....

4 Geschafft? Abgehakt!

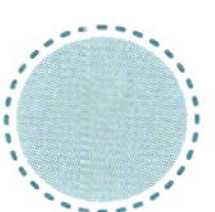

TAG 3

1 Lies das Wort laut vor und schreibe es auf.

die **Halsschmerzen**
[ˈhalsʃmɛrtsn̩]

husten
[ˈhuːstn̩]

die **Erkältung**
[ɛɐ̯ˈkɛltʊŋ]

niesen
[ˈniːzn̩]

das **Fieber**
[ˈfiːbɐ]

2 Präge dir die 5 Wörter kurz ein.

3 Verdecke die linke Seite, vervollständige die Wörter und sprich sie aus.

die **H** ....

h ....

die **E** ....

n ....

das **F** ....

4 Geschafft? Abgehakt!

TAG **4**

1 Lies das Wort laut vor und schreibe es auf.

der
Kaffee
[ˈkafeː]

der
Tee
[teː]

die
Schokolade
[ʃokoˈlaːdə]

der **Keks**
[keːks]

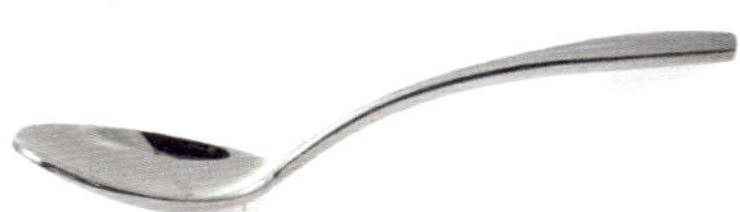

der **Löffel**
[ˈlœfl̩]

2 Präge dir die 5 Wörter kurz ein.

3 Verdecke die linke Seite, vervollständige die Wörter und sprich sie aus.

der **K** ....

der **T** ....

die **S** ....

der **K** ....

der **L** ....

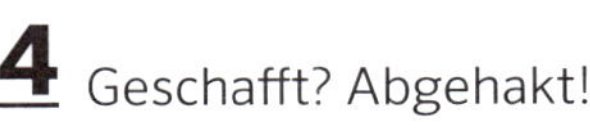

4 Geschafft? Abgehakt!

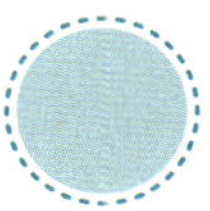

TAG 5

1 Lies das Wort laut vor und schreibe es auf.

die **Jacke**
[ˈjakə]

der **Schal**
[ʃaːl]

die **Jeans**
[dʒiːnz]

der **Regenschirm**
[ˈreːgn̩ʃɪrm]

der **Stiefel**
[ˈʃtiːfl̩]

2 Präge dir die 5 Wörter kurz ein.

3 Verdecke die linke Seite, vervollständige die Wörter und sprich sie aus.

die **J** ....

die **J** ....

der **R** ....

der **S** ....

der **S** ....

4 Geschafft? Abgehakt!

TESTE DICH!

Wie viele Wörter der letzten 5 Tage kannst du noch?

1 Verbinde jedes Bild mit dem richtigen Wort.

sauber **der Tee** **trocken** **der Löffel** **die Erkältung** **die Schokolade** **niesen** **der Kaffee**

nass **husten** **die Hals-schmerzen** **schmutzig** **das Fieber** **die Wäsche waschen** **der Keks**

2 Ergänze die Lücken und suche die Wörter im Wortgitter.

g __ ste __ n
he __ t __
die **Jacke**
die **Je __ ns**
mo __ ge __
der **R __ ge __ schi __ m**
der **Sch __ l**
der **S __ ie __ el**
der **Ta __**
die **Woc __ e**

M	S	S	T	I	E	F	E	L	J	S
W	O	C	H	E	H	J	Q	U	G	C
V	J	R	R	A	I	E	O	D	E	H
H	A	R	G	S	Y	A	U	H	S	A
T	C	T	P	E	E	N	G	T	T	L
G	K	A	F	Z	N	S	L	L	E	K
R	E	G	E	N	S	C	H	I	R	M
W	C	B	N	X	I	B	A	M	N	O

3 Schreibe die Buchstaben in der richtigen Reihenfolge.

der **Tga** ....

stumhczig ....

die **Shockaelod** ....

der **Stfieel** ....

husnte ....

der **Löeflf** ....

heuet ....

die Wseäch wsncahe ....

getsern ....

das **Fibree** ....

die **Jneas** ....

die **Wohce** ....

nsas ....

nseien ....

der **Rcegernshim** ....

tonkerc ....

die **Halschsmrezen** ....

der **Tee** ....

der **Ksek** ....

der **Scahl** ....

die **Erklätnug** ....

suaber ....

der **Keffea** ....

monger ....

die **Jacek** ....

Geschafft? Abgehakt!

TAG **1**

1 Lies das Wort laut vor und schreibe es auf.

das **Schloss** [ʃlɔs]

das **Hotel** [hoˈtɛl]

der **Markt** [markt]

das **Geschäft** [gəˈʃɛft]

die **Bäckerei** [bɛkəˈrai]

2 Präge dir die 5 Wörter kurz ein.

3 Verdecke die linke Seite, vervollständige die Wörter und sprich sie aus.

das **S** ....

das **H** ....

der **M** ....

das **G** ....

die **B** ....

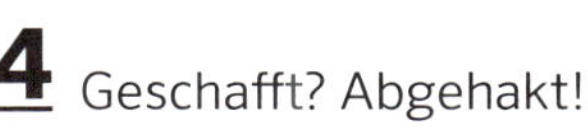

4 Geschafft? Abgehakt!

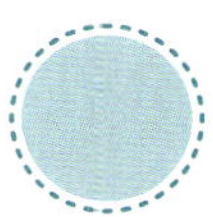

TAG 2

1 Lies das Wort laut vor und schreibe es auf.

die **Enkelin**
[ˈɛŋkəlɪn]

die **Großmutter**
[ˈgroːsmʊtɐ]

der **Großvater**
[ˈgroːsfaːtɐ]

der **Enkel**
[ˈɛŋkl̩]

spielen
[ˈʃpiːlən]

2 Präge dir die 5 Wörter kurz ein.

3 Verdecke die linke Seite, vervollständige die Wörter und sprich sie aus.

der **E** ....

die **E** ....

der **G** ....

die **G** ....

s ....

4 Geschafft? Abgehakt!

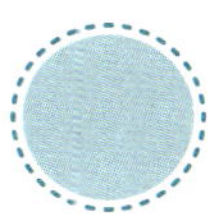

TAG **3**

1 Lies das Wort laut vor und schreibe es auf.

essen
[ˈɛsn̩]

süß
[zyːs]

salzig
[ˈzaltsɪç]

schmecken
[ˈʃmɛkn̩]

riechen
[ˈriːçən]

2 Präge dir die 5 Wörter kurz ein.

3 Verdecke die linke Seite, vervollständige die Wörter und sprich sie aus.

e ....

s ....

s ....

s ....

r ....

4 Geschafft? Abgehakt!

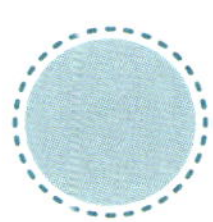

TAG 4

1 Lies das Wort laut vor und schreibe es auf.

der **Flughafen**
[ˈfluːkhaːfn̩]

das **Flugzeug**
[ˈfluːktsɔyk]

warten
[ˈvartn̩]

die **Tasche**
[ˈtaʃə]

der **Koffer**
[ˈkɔfɐ]

2 Präge dir die 5 Wörter kurz ein.

3 Verdecke die linke Seite, vervollständige die Wörter und sprich sie aus.

der **K** ....

die **T** ....

w ....

das **F** ....

der **F** ....

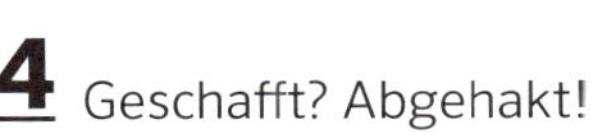

4 Geschafft? Abgehakt!

TAG 5

1 Lies das Wort laut vor und schreibe es auf.

das **Mehrfamilienhaus**
[ˈmeːɐ̯famiːli̯ənhaus]

---

der **erste Stock**
[ˈeːɐ̯stə ˈʃtɔk]

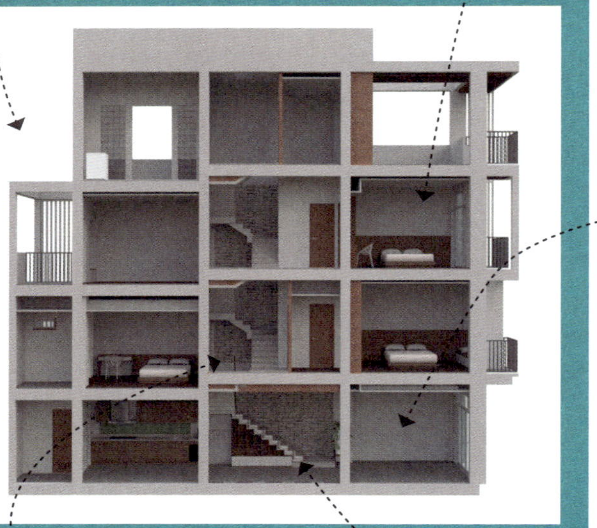

der **Keller**
[ˈkɛlɐ]

---

das **Erdgeschoss**
[ˈeːɐ̯tɡəʃɔs]

---

die **Treppe**
[ˈtrɛpə]

2 Präge dir die 5 Wörter kurz ein.

3 Verdecke die linke Seite, vervollständige die Wörter und sprich sie aus.

das **M** ....

der **K** ....

das **E** ....

der **e** ....

die **T** ....

4 Geschafft? Abgehakt!

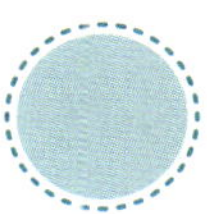

TESTE DICH! Wie viele Wörter der letzten 5 Tage kannst du noch?

1 Verbinde jedes Bild mit dem richtigen Wort.

das Geschäft | **salzig** | **die Enkelin** | **riechen** | **der Markt** | **der Großvater** | **süß** | **das Schloss**

der Koffer | **die Großmutter** | **das Hotel** | **der Enkel** | **schmecken** | **die Bäckerei** | **essen**

2 Ergänze die Lücken und suche die Wörter im Wortgitter.

das **E __ dg __ sch __ ss**
der **er __ t __ St __ ck**
der **F __ u __ ha __ en**
das **Fl __ g __ eu __**
der **Ke __ le __**
spi __ l __ n
die **T __ sc __ e**
die **Tr __ p __ e**
w __ r __ e __

E	R	D	G	E	S	C	H	O	S	S	F
I	E	R	O	Y	Z	D	K	S	W	P	L
F	L	U	G	H	A	F	E	N	A	I	U
M	E	P	C	K	A	N	L	J	R	E	G
V	A	O	U	G	T	F	L	W	T	L	Z
Q	U	T	A	S	C	H	E	B	E	E	E
T	R	E	P	P	E	X	R	L	N	N	U
H	E	R	S	T	E	S	T	O	C	K	G

3 Schreibe die Buchstaben in der richtigen Reihenfolge.

das **Shlssoc**	**schekcmen** ....
spienel	das **Erschedgoss** ....
das **Geschftä**	der **Mrkat** ....
watrne	**esens** ....
die **Trppee**	die **Taches** ....
sßü	das **Fluzuegg** ....
der **Flguhafne**	der **ertes Stcok** ....
der **Enlek**	**slazig** ....
der **Grovßtaer**	die **Bäekicer** ....
riecneh	der **Koefrf** ....
der **Kelrle**	die **Enkieln** ....
die **Gromuteßrt**	das **Mefharmileinahus** ....
das **Htelo**	

Geschafft? Abgehakt!

TAG 1

1 Lies das Wort laut vor und schreibe es auf.

hässlich
[ˈhɛslɪç]

schön
[ʃøːn]

kurz
[kʊrts]

lang
[laŋ]

gefährlich
[ɡəˈfɛːɐ̯lɪç]

2 Präge dir die 5 Wörter kurz ein.

3 Verdecke die linke Seite, vervollständige die Wörter und sprich sie aus.

h ....

s ....

k ....

g ....

l ....

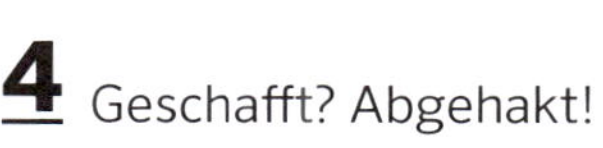

4 Geschafft? Abgehakt!

TAG 2

1 Lies das Wort laut vor und schreibe es auf.

die **Zeitschrift**
[ˈtsaitʃrɪft]

das **Buch**
[buːx]

das **Radio**
[ˈraːdi̯o]

der **Fernseher**
[ˈfɛrnzeːɐ̯]

die **Zeitung**
[ˈtsaitʊŋ]

2 Präge dir die 5 Wörter kurz ein.

3 Verdecke die linke Seite, vervollständige die Wörter und sprich sie aus.

die **Z** ....

das **B** ....

das **R** ....

der **F** ....

die **Z** ....

4 Geschafft? Abgehakt!

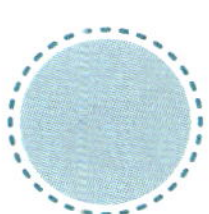

TAG 3

1 Lies das Wort laut vor und schreibe es auf.

das **Wohnmobil**
[ˈvoːnmobiːl]

das **Zelt**
[tsɛlt]

der **Berg**
[bɛrk]

der **Campingplatz**
[ˈkɛmpɪŋplats]

das **Tal**
[taːl]

2 Präge dir die 5 Wörter kurz ein.

3 Verdecke die linke Seite, vervollständige die Wörter und sprich sie aus.

das **W** ....

der **C** ....

das **Z** ....

das **T** ....

der **B** ....

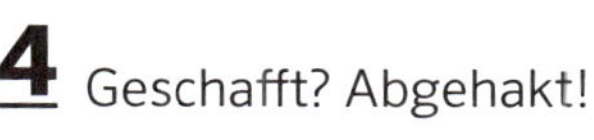

4 Geschafft? Abgehakt!

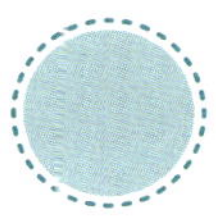

TAG 4

1 Lies das Wort laut vor und schreibe es auf.

die **Ehefrau**
[ˈeːəfrau]

der **Ehemann**
[ˈeːəman]

das **Kind**
[kɪnt]

Herr ...
[hɛr]

Frau ...
[frau]

2 Präge dir die 5 Wörter kurz ein.

3 Verdecke die linke Seite, vervollständige die Wörter und sprich sie aus.

der **E** ....

die **E** ....

das **K** ....

H ....

F ....

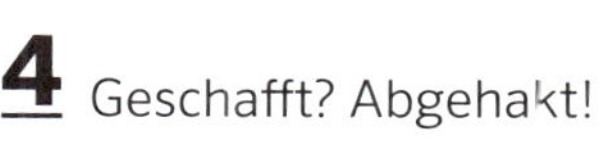
4 Geschafft? Abgehakt!

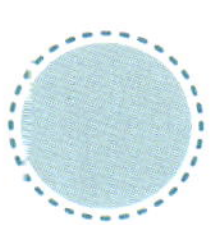

TAG 5

1 Lies das Wort laut vor und schreibe es auf.

die **Zwiebel**
[ˈtsviːbl̩]

der **Kürbis**
[ˈkʏrbɪs]

die **Kartoffel**
[karˈtɔfl̩]

der **Knoblauch**
[ˈknoːblaux]

die **Karotte**
[kaˈrɔtə]

2 Präge dir die 5 Wörter kurz ein.

3 Verdecke die linke Seite, vervollständige die Wörter und sprich sie aus.

die **Z** ....

die **K** ....

die **K** ....

der **K** ....

der **K** ....

4 Geschafft? Abgehakt!

TESTE DICH! Wie viele Wörter der letzten 5 Tage kannst du noch?

1 Verbinde jedes Bild mit dem richtigen Wort.

hässlich | kurz | lang | das Radio | die Kartoffel | die Zeitschrift | die Ehefrau | schön

das Wohnmobil | die Zeitung | gefährlich | die Karotte | der Knoblauch | der Fernseher | das Buch

2 Ergänze die Lücken und suche die Wörter im Wortgitter.

der **Ber __**
der **C __ m __ in __ pla __ z**
der **Eh __ ma __ n**
Fra __ ...
He __ r ...
das **Ki __ d**
der **Kü __ bi __**
das **T __ l**
das **Zel __**
die **Z __ i __ be __**

F	Z	W	I	E	B	E	L	Z	T	S	H
I	R	D	F	K	A	E	O	G	E	A	P
M	H	A	L	Ü	L	S	R	B	H	Z	L
A	U	G	U	R	K	R	D	G	E	E	U
V	T	E	E	B	I	V	O	Z	M	L	I
C	A	M	P	I	N	G	P	L	A	T	Z
N	A	O	T	S	D	P	K	I	N	Q	R
B	H	E	R	R	E	S	C	W	N	U	J

3 Schreibe die Buchstaben in der richtigen Reihenfolge.

die **Ztieung**	das **Tla** ....
gefärhiclh	die **Kaffrteol** ....
das **Knid**	**kuzr** ....
der **Knbchuoal**	das **Wonhmolib** ....
der **Caampplingtz**	die **Ehfraue** ....
Faru	**Hrer ...** ....
die **Zeischfttri**	der **Kübrsi** ....
häshlisc	das **Zlte** ....
das **Rdaio**	**Inag** ....
der **Breg**	der **Ehmenna** ....
die **Karttoe**	das **Buhc** ....
der **Frenhsree**	die **Zweilbe** ....
söchn	

Geschafft? Abgehakt!

TAG 1

1 Lies das Wort laut vor und schreibe es auf.

basteln
[ˈbastl̩n]

lesen
[ˈleːzn̩]

sich **entspannen**
[ɛntˈʃpanən]

spazieren gehen
[ʃpaˈtsiːrən ˌɡeːən]

fernsehen
[ˈfɛrnzeːən]

2 Präge dir die 5 Wörter kurz ein.

3 Verdecke die linke Seite, vervollständige die Wörter und sprich sie aus.

b ....

l ....

sich **e** ....

s ....

f ....

4 Geschafft? Abgehakt!

TAG 2

1 Lies das Wort laut vor und schreibe es auf.

aufwachen
[ˈaufvaxn̩]

jetzt
[jɛtst]

die **Stunde**
[ˈʃtʊndə]

die **Minute**
[miˈnuːtə]

die **Sekunde**
[zeˈkʊndə]

2 Präge dir die 5 Wörter kurz ein.

3 Verdecke die linke Seite, vervollständige die Wörter und sprich sie aus.

a ....

j ....

die **S** ....

die **M** ....

die **S** ....

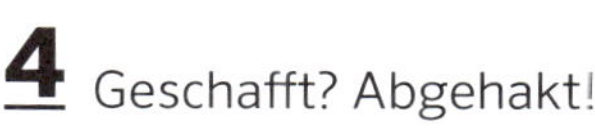

4 Geschafft? Abgehakt!

TAG 3

1 Lies das Wort laut vor und schreibe es auf.

die **Zahnpasta**
[ˈtsaːnpasta]

---

der **Wasserhahn**
[ˈvasɐhaːn]

die **Seife**
[ˈzaifə]

---

die **Zahnbürste**
[ˈtsaːnbʏrstə]

---

das **Waschbecken**
[ˈvaʃbɛkn̩]

2 Präge dir die 5 Wörter kurz ein.

3 Verdecke die linke Seite, vervollständige die Wörter und sprich sie aus.

die **Z** ....

die **S** ....

das **W** ....

der **W** ....

die **Z** ....

4 Geschafft? Abgehakt!

TAG **4**

1 Lies das Wort laut vor und schreibe es auf.

die **Tankstelle**
[ˈtaŋkʃtɛlə]

der **Diesel**
[ˈdiːzl̩]

das **Benzin**
[bɛnˈtsiːn]

die **Ladesäule**
[ˈlaːdəzɔylə]

tanken
[ˈtaŋkn̩]

2 Präge dir die 5 Wörter kurz ein.

3 Verdecke die linke Seite, vervollständige die Wörter und sprich sie aus.

das **B** ....

der **D** ....

die **T** ....

die **L** ....

t ....

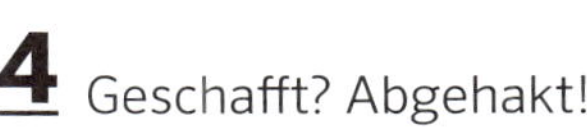

4 Geschafft? Abgehakt!

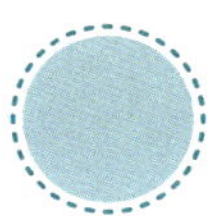

TAG 5

1 Lies das Wort laut vor und schreibe es auf.

jung
[jʊŋ]

---

klein
[klain]

groß
[groːs]

---

alt
[alt]

---

glücklich
[ˈɡlʏklɪç]

2 Präge dir die 5 Wörter kurz ein.

3 Verdecke die linke Seite, vervollständige die Wörter und sprich sie aus.

j ....

a ....

g ....

k ....

g ....

4 Geschafft? Abgehakt!

TESTE DICH! Wie viele Wörter der letzten 5 Tage kannst du noch?

1 Verbinde jedes Bild mit dem richtigen Wort.

die Seife **basteln** **sich entspannen** **die Ladesäule** **fernsehen** **der Diesel** **jung** **lesen**

die Tankstelle **der Wasserhahn** **die Stunde** **tanken** **die Zahnpasta** **das Benzin** **spazieren gehen**

2 Ergänze die Lücken und suche die Wörter im Wortgitter.

au __ wa __ he __
a __ t
g __ ü __ klic __
g __ oß
j __ t __ t
kl __ in
die **Mi __ ut __**
die **S __ k __ n __ e**
das **Wa __ ch __ eck __ n**
die **Z __ hn __ ürst __**

A	Z	A	H	N	B	Ü	R	S	T	E
L	E	M	I	N	U	T	E	O	K	F
T	G	R	O	ß	P	D	N	S	L	R
W	A	S	C	H	B	E	C	K	E	N
L	T	G	I	J	E	T	Z	T	I	M
S	E	K	U	N	D	E	C	K	N	B
A	U	G	L	Ü	C	K	L	I	C	H
H	A	U	F	W	A	C	H	E	N	C

3 Schreibe die Buchstaben in der richtigen Reihenfolge.

die **Sekudne**	der **Wesrshaahn** ....
spezieran gnehe	**goßr** ....
die **Tastlnklee**	sich **esannntepn** ....
glcükhilc	die **Zahpansta** ....
die **Sefie**	der **Deisle** ....
tnnake	die **Lesdläuea** ....
auafwchne	**klnei** ....
basetnl	das **Wabeckschen** ....
die **Sedtnu**	**feensehrn** ....
die **Zbnhrüaste**	das **Beznin** ....
atl	**jtezt** ....
die **Mnutei**	**jnug** ....
leesn	

Geschafft? Abgehakt!

TAG 1

1 Lies das Wort laut vor und schreibe es auf.

die **Bank**
[baŋk]

der **Geldautomat**
[ˈɡɛltʔautomaːt]

das **Geld**
[ɡɛlt]

die **Bankkarte**
[ˈbaŋkkartə]

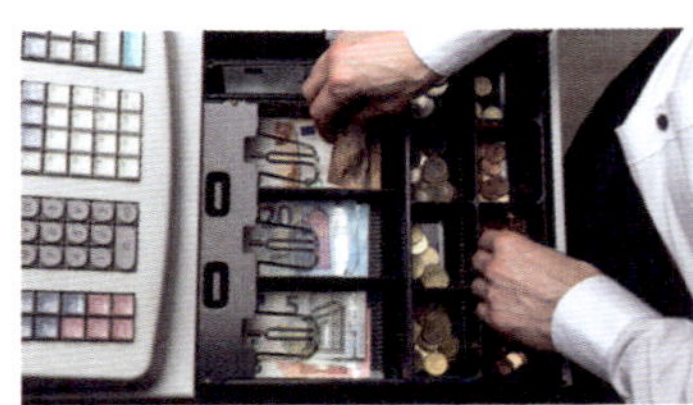

die **Kasse**
[ˈkasə]

2 Präge dir die 5 Wörter kurz ein.

3 Verdecke die linke Seite, vervollständige die Wörter und sprich sie aus.

die **B** ....

der **G** ....

das **G** ....

die **B** ....

die **K** ....

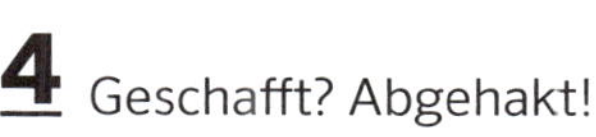

4 Geschafft? Abgehakt!

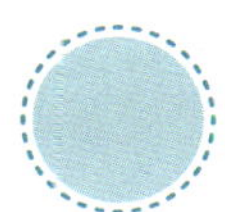

TAG 2

1 Lies das Wort laut vor und schreibe es auf.

der **Essig**
[ˈɛsɪç]

das **Öl**
[øːl]

das **Salz**
[zalts]

der **Pfeffer**
[ˈpfɛfɐ]

die **Kräuter**
[ˈkrɔytɐ]

2 Präge dir die 5 Wörter kurz ein.

3 Verdecke die linke Seite, vervollständige die Wörter und sprich sie aus.

der **E** ....

das **Ö** ....

das **S** ....

der **P** ....

die **K** ....

4 Geschafft? Abgehakt!

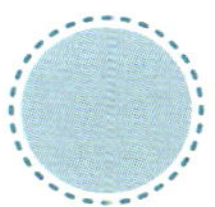

TAG 3

1 Lies das Wort laut vor und schreibe es auf.

Hallo!
[ˈhaloː]

Tschüss!
[tʃʏs]

Danke!
[ˈdaŋkə]

sich **umarmen**
[ʊmˈʔarmən]

Entschuldigung!
[ɛntˈʃʊldɪgʊŋ]

2 Präge dir die 5 Wörter kurz ein.

3 Verdecke die linke Seite, vervollständige die Wörter und sprich sie aus.

H ....

T ....

D ....

sich **u** ....

E ....

4 Geschafft? Abgehakt!

TAG 4

1 Lies das Wort laut vor und schreibe es auf.

die **Haut**
[haut]

der **Daumen**
[ˈdaumən]

der **Finger**
[ˈfɪŋɐ]

bluten
[ˈbluːtn̩]

das **Blut**
[bluːt]

2 Präge dir die 5 Wörter kurz ein.

3 Verdecke die linke Seite, vervollständige die Wörter und sprich sie aus.

die **H** ....

der **D** ....

der **F** ....

das **B** ....

b ....

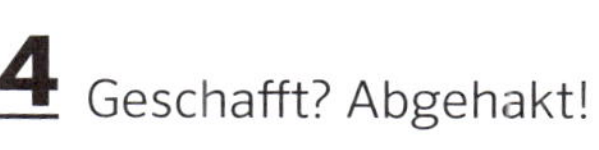

4 Geschafft? Abgehakt!

TAG **5**

1 Lies das Wort laut vor und schreibe es auf.

fahren
[ˈfaːrən]

einsteigen
[ˈainʃtaign̩]

aussteigen
[ˈausʃtaign̩]

umsteigen
[ˈʊmʃtaign̩]

fliegen
[ˈfliːgn̩]

2 Präge dir die 5 Wörter kurz ein.

3 Verdecke die linke Seite, vervollständige die Wörter und sprich sie aus.

f ....

e ....

a ....

u ....

f ....

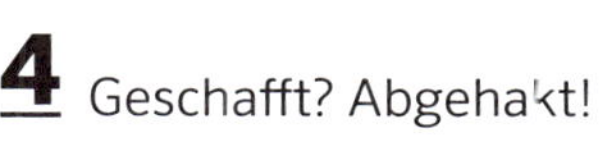

4 Geschafft? Abgehakt!

TESTE DICH! Wie viele Wörter der letzten 5 Tage kannst du noch?

1 Verbinde jedes Bild mit dem richtigen Wort.

Tschüss! **fliegen** **die Bank** **die Kasse** **Entschuldigung!** **Hallo!** **die Bankkarte** **einsteigen**

umsteigen **fahren** **das Geld** **sich umarmen** **aussteigen** **der Geldautomat** **Danke!**

2 Ergänze die Lücken und suche die Wörter im Wortgitter.

das **Bl __ t**
b __ ut __ n
der **Da __ me __**
der **E __ s __ g**
der **Fi __ ge __**
die **Hau __**
die **K __ ä __ t __ r**
das **Ö __**
der **P __ e __ fe __**
das **Sa __ z**

P	H	Ö	L	E	U	K	M
I	F	G	H	N	B	R	E
B	S	E	J	A	L	Ä	S
L	A	L	F	F	U	U	S
U	L	A	C	F	T	T	I
T	Z	O	K	C	E	E	G
E	F	I	N	G	E	R	D
N	B	D	A	U	M	E	N

3 Schreibe die Buchstaben in der richtigen Reihenfolge.

die **Kräetru** ______	sich **umeanrm** ______
die **Bkatekran** ______	**ausensteig** ______
der **Fenigr** ______	das **Gdle** ______
fleineg ______	**Hllao!** ______
Tschsüs! ______	der **Duamne** ______
blnetu ______	das **Butl** ______
der **Esgsi** ______	**utesminge** ______
die **Bnak** ______	**Dneka!** ______
das **Szal** ______	die **Kssea** ______
Endtschngiuulg! ______	die **Huat** ______
enistegine ______	das **Öl** ______
der **Pfrefef** ______	**frehna** ______
der **Geltadamuto** ______	

Geschafft? Abgehakt!

TAG 1

1 Lies das Wort laut vor und schreibe es auf.

gehörlos
[gəˈhøːɐ̯los]

die **Stirn**
[ʃtɪrn]

die **Nase**
[ˈnaːzə]

das **Kinn**
[kɪn]

das **Hörgerät**
[ˈhøːɐ̯gərɛːt]

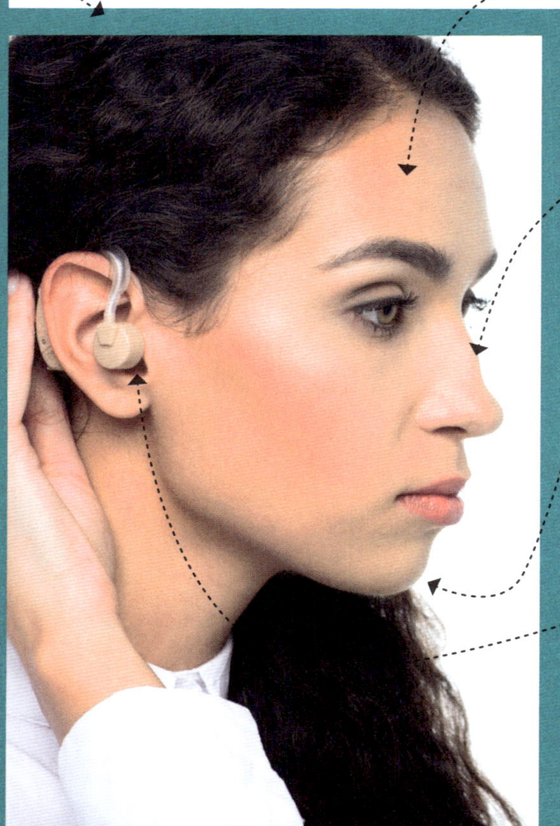

2 Präge dir die 5 Wörter kurz ein.

3 Verdecke die linke Seite, vervollständige die Wörter und sprich sie aus.

die **S** ....

die **N** ....

das **K** ....

das **H** ....

g ....

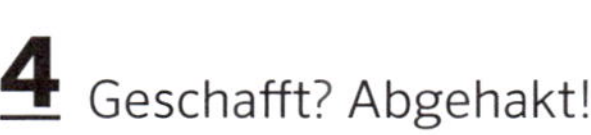

4 Geschafft? Abgehakt!

TAG 2

1 Lies das Wort laut vor und schreibe es auf.

die **Butter**
[ˈbʊtɐ]

das **Brötchen**
[ˈbrøːtçən]

der **Honig**
[ˈhoːnɪç]

das **Brot**
[broːt]

die **Marmelade**
[marməˈlaːdə]

2 Präge dir die 5 Wörter kurz ein.

3 Verdecke die linke Seite, vervollständige die Wörter und sprich sie aus.

die **B** ....

das **B** ....

der **H** ....

das **B** ....

die **M** ....

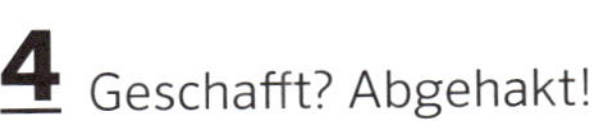

4 Geschafft? Abgehakt!

TAG 3

1 Lies das Wort laut vor und schreibe es auf.

der **Arm**
[arm]

der **Kopf**
[kɔpf]

die **Brust**
[brʊst]

das **Knie**
[kniː]

der **Fuß**
[fuːs]

2 Präge dir die 5 Wörter kurz ein.

3 Verdecke die linke Seite, vervollständige die Wörter und sprich sie aus.

der **K** ....

das **K** ....

der **F** ....

die **B** ....

der **A** ....

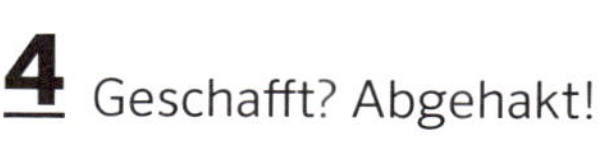

4 Geschafft? Abgehakt!

TAG 4

1 Lies das Wort laut vor und schreibe es auf.

die **Schlange**
[ˈʃlaŋə]

der **Bär**
[bɛːɐ̯]

das **Pferd**
[pfɛːɐ̯t]

der **Vogel**
[ˈfoːgl̩]

die **Spinne**
[ˈʃpɪnə]

2 Präge dir die 5 Wörter kurz ein.

3 Verdecke die linke Seite, vervollständige die Wörter und sprich sie aus.

die **S** ....

der **B** ....

das **P** ....

der **V** ....

die **S** ....

4 Geschafft? Abgehakt!

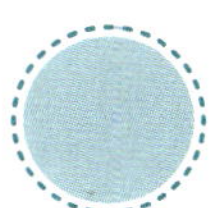

TAG 5

1 Lies das Wort laut vor und schreibe es auf.

der **Frühling**
[ˈfryːlɪŋ]

---

der **Sommer**
[ˈzɔmɐ]

das **Jahr**
[jaːɐ̯]

---

der **Herbst**
[hɛrpst]

---

der **Winter**
[ˈvɪntɐ]

2 Präge dir die 5 Wörter kurz ein.

3 Verdecke die linke Seite, vervollständige die Wörter und sprich sie aus.

der **F** ....

der **S** ....

der **H** ....

der **W** ....

das **J** ....

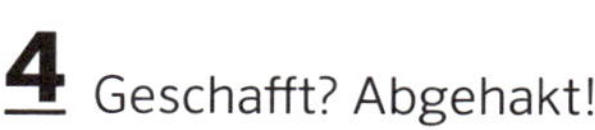

4 Geschafft? Abgehakt!

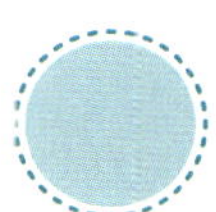

TESTE DICH! Wie viele Wörter der letzten 5 Tage kannst du noch?

1 Verbinde jedes Bild mit dem richtigen Wort.

der Kopf **die Nase** **der Vogel** **die Butter** **der Arm** **die Schlange** **die Spinne** **das Brot**

das Pferd **das Brötchen** **der Bär** **die Marmelade** **der Honig** **das Hörgerät** **der Fuß**

2 Ergänze die Lücken und suche die Wörter im Wortgitter.

die **B __ u __ t**
der **F __ üh __ in __**
g __ hö __ l __ s
der **He __ bs __**
das **Ja __ r**
das **Kin __**
das **K __ ie**
der **S __ mm __ r**
die **Sti __ n**
der **W __ nte __**

G	E	H	Ö	R	L	O	S	F
F	O	M	E	E	A	G	B	R
W	J	A	H	R	L	P	R	Ü
U	I	K	S	D	B	K	U	H
K	I	N	N	T	J	S	S	L
V	B	R	T	I	I	H	T	I
N	A	T	C	E	E	R	S	N
S	O	M	M	E	R	I	N	G

3 Schreibe die Buchstaben in der richtigen Reihenfolge.

die **Merdalame**	die **Burst** ....
das **Hrögeärt**	der **Hebrts** ....
das **Pfred**	das **Knin** ....
das **Jarh**	der **Kpof** ....
das **Kein**	der **Brä** ....
die **Spinen**	der **Vegol** ....
die **Buertt**	der **Wentir** ....
die **Strin**	der **Fßu** ....
der **Hinog**	**gelörhos** ....
der **Amr**	die **Sachlneg** ....
der **Semmor**	das **Bröchent** ....
das **Btor**	der **Frihlüng** ....
die **Naes**	

Geschafft? Abgehakt!

TAG 1

1 Lies das Wort laut vor und schreibe es auf.

der **Arzt,** die **Ärztin**
[aːɐ̯tst, ˈɛːɐ̯tstɪn]

der **Patient,**
die **Patientin**
[paˈtsi̯ɛnt, paˈtsi̯ɛntɪn]

der **Termin**
[tɛrˈmiːn]

die **Impfung**
[ɪmˈpfʊŋ]

schwanger
[ˈʃvanɡɐ]

2 Präge dir die 5 Wörter kurz ein.

3 Verdecke die linke Seite, vervollständige die Wörter und sprich sie aus.

der **P** ...., die **P** ....

s ....

die **I** ....

der **P** ...., die **P** ....

der **T** ....

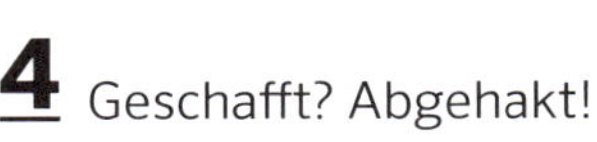

4 Geschafft? Abgehakt!

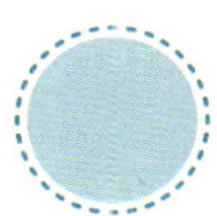

TAG 2

1 Lies das Wort laut vor und schreibe es auf.

der **Mülleimer**
[ˈmʏlʔaimɐ]

bügeln
[ˈbyːgl̩n]

Staub saugen
[ˈʃtaup zaugn̩]

putzen
[ˈpʊtsn̩]

die **Pause**
[ˈpauzə]

2 Präge dir die 5 Wörter kurz ein.

3 Verdecke die linke Seite, vervollständige die Wörter und sprich sie aus.

der **M** ....

b ....

p ....

S ....

die **P** ....

4 Geschafft? Abgehakt!

TAG 3

1 Lies das Wort laut vor und schreibe es auf.

der **Fluss**
[flʊs]

der **Park**
[park]

die **Universität**
[univɛrziˈtɛːt]

die **Schule**
[ˈʃuːlə]

der **Kindergarten**
[kɪndɐˈgartn̩]

2 Präge dir die 5 Wörter kurz ein.

3 Verdecke die linke Seite, vervollständige die Wörter und sprich sie aus.

der **F** ....

der **P** ....

die **U** ....

die **S** ....

der **K** ....

4 Geschafft? Abgehakt!

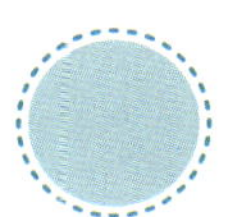

TAG 4

1 Lies das Wort laut vor und schreibe es auf.

der **Junge**
[ˈjʊŋə]

die **Schwester**
[ˈʃvɛstɐ]

das **Mädchen**
[ˈmɛːtçən]

der **Bruder**
[ˈbruːdɐ]

die **Geschwister**
[gəˈʃvɪstɐ]

2 Präge dir die 5 Wörter kurz ein.

3 Verdecke die linke Seite, vervollständige die Wörter und sprich sie aus.

die **S** ....

der **B** ....

der **J** ....

das **M** ....

die **G** ....

4 Geschafft? Abgehakt!

TAG 5

1 Lies das Wort laut vor und schreibe es auf.

der **Ball**
[bal]

der **Fußball**
[ˈfuːsbal]

laufen
[ˈlaufn̩]

das **Tor**
[toːɐ̯]

springen
[ˈʃprɪŋən]

2 Präge dir die 5 Wörter kurz ein.

3 Verdecke die linke Seite, vervollständige die Wörter und sprich sie aus.

l ....

s ....

der **B** ....

der **F** ....

das **T** ....

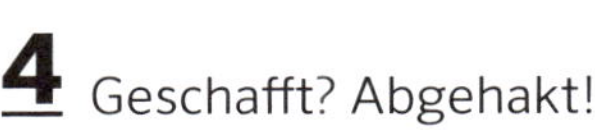

4 Geschafft? Abgehakt!

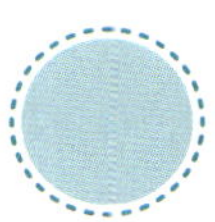

TESTE DICH! Wie viele Wörter der letzten 5 Tage kannst du noch?

1 Verbinde jedes Bild mit dem richtigen Wort.

die Pause | **die Schwester** | **der Arzt, die Ärztin** | **der Fluss** | **der Mülleimer** | **die Schule** | **der Ball** | **Staub saugen**

die Impfung | **die Universität** | **putzen** | **der Kindergarten** | **der Bruder** | **bügeln** | **der Park**

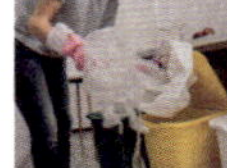

2 Ergänze die Lücken und suche die Wörter im Wortgitter.

der **F __ ß __ all**
die **G __ sc __ wi __ ter**
der **J __ ng __**
la __ fe __
das **Mä __ c __ e __**
der **Pat __ en __**
sc __ w __ nge __
spr __ ng __ n
der **Te __ mi __**
das **To __**

G	E	S	C	H	W	I	S	T	E	R
P	F	J	V	O	U	D	P	E	O	G
A	U	N	A	P	K	E	R	R	F	R
T	ß	Q	U	L	C	T	I	M	J	Z
I	B	L	A	U	F	E	N	I	U	E
E	A	W	B	M	I	R	G	N	N	S
N	L	M	Ä	D	C	H	E	N	G	H
T	L	S	C	H	W	A	N	G	E	R

3 Schreibe die Buchstaben in der richtigen Reihenfolge.

der **Azrt,** die **Äzrnit**	die **Schleu** ....
die **Psaue**	der **Blal** ....
der/die **Pateitn/-in**	die **Ipfmnug** ....
der **Jugen**	der **Fulss** ....
das **Tro**	der **Brured** ....
der **Prak**	das **Mdäench** ....
die **Gsechsiwter**	der **Fbußall** ....
der **Mellüimer**	die **Unävesritit** ....
punetz	der **Temirn** ....
der **Knidregertan**	die **Swechster** ....
sripngen	**begüln** ....
Sbaut seugan	**luafne** ....
schanwgre	

Geschafft? Abgehakt!

TAG 1

1 Lies das Wort laut vor und schreibe es auf.

die **Tablette**
[taˈblɛtə]

der **Erste-Hilfe-Kasten**
[eːɐ̯stəˈhɪlfəkastn̩]

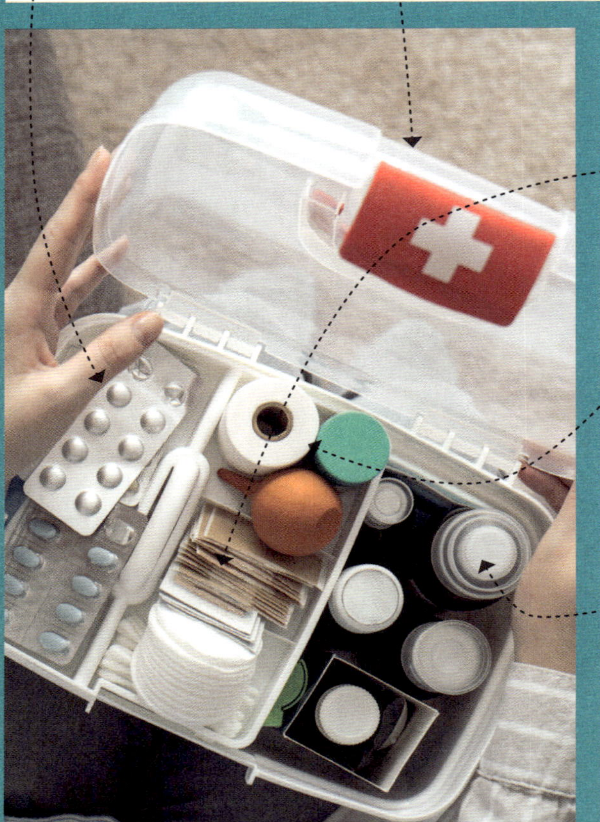

das **Pflaster**
[ˈpflastɐ]

die **Bandage**
[banˈdaːʒə]

das **Medikament**
[medikaˈmɛnt]

2 Präge dir die 5 Wörter kurz ein.

3 Verdecke die linke Seite, vervollständige die Wörter und sprich sie aus.

die **T** ....

das **M** ....

der **E** ....

das **P** ....

die **B** ....

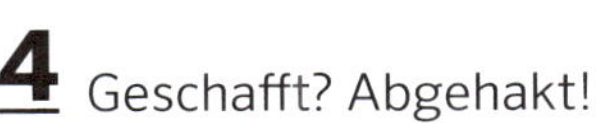

4 Geschafft? Abgehakt!

TAG **2**

1 Lies das Wort laut vor und schreibe es auf.

billig
[ˈbɪlɪç]

teuer
[ˈtɔyɐ]

das **Restaurant**
[rɛstoˈrãː]

verboten
[fɛɐ̯ˈboːtn̩]

rauchen
[ˈrauxn̩]

2 Präge dir die 5 Wörter kurz ein.

3 Verdecke die linke Seite, vervollständige die Wörter und sprich sie aus.

b ....

t ....

das **R** ....

v ....

r ....

4 Geschafft? Abgehakt!

TAG 3

1 Lies das Wort laut vor und schreibe es auf.

der **Bildschirm**
[ˈbɪltʃɪrm]

der **Kopfhörer**
[ˈkɔpfhøːrɐ]

das **Handy**
[ˈhɛndi]

die **Maus**
[maus]

die **Tastatur**
[tastaˈtuːɐ̯]

2 Präge dir die 5 Wörter kurz ein.

3 Verdecke die linke Seite, vervollständige die Wörter und sprich sie aus.

der **B** ....

der **K** ....

die **M** ....

die **T** ....

das **H** ....

4 Geschafft? Abgehakt!

TAG 4

1 Lies das Wort laut vor und schreibe es auf.

die **Bohnen**
[ˈboːnən]

die **Linsen**
[ˈlɪnzn̩]

die **Nüsse**
[ˈnʏsə]

das **Mehl**
[meːl]

der **Zucker**
[ˈtsʊkɐ]

2 Präge dir die 5 Wörter kurz ein.

3 Verdecke die linke Seite, vervollständige die Wörter und sprich sie aus.

die **B** ....

die **L** ....

die **N** ....

das **M** ....

der **Z** ....

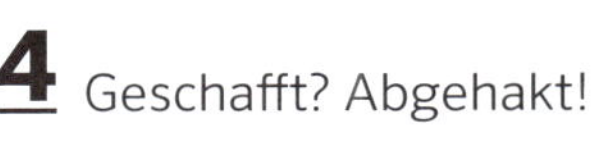

4 Geschafft? Abgehakt!

TAG 5

1 Lies das Wort laut vor und schreibe es auf.

der **Zug**
[tsuːk]

die **Uhr**
[uːɐ̯]

----

der **Tunnel**
[ˈtʊnl̩]

----

der **Bahnsteig**
[ˈbaːnʃtaik]

----

die **Rolltreppe**
[ˈrɔltrɛpə]

2 Präge dir die 5 Wörter kurz ein.

3 Verdecke die linke Seite, vervollständige die Wörter und sprich sie aus.

die **U** ....

der **T** ....

der **Z** ....

der **B** ....

die **R** ....

4 Geschafft? Abgehakt!

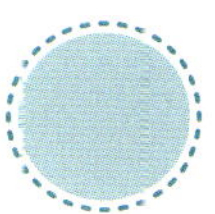

TESTE DICH! Wie viele Wörter der letzten 5 Tage kannst du noch?

1 Verbinde jedes Bild mit dem richtigen Wort.

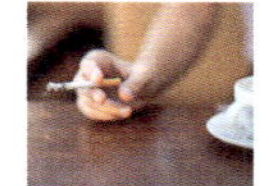

das Restaurant **die Linsen** **teuer** **die Maus** **das Mehl** **rauchen** **die Tablette** **die Nüsse**

die Tastatur **die Uhr** **die Bohnen** **der Zucker** **billig** **die Bandage** **verboten**

2 Ergänze die Lücken und suche die Wörter im Wortgitter.

der **Ba __ nst __ ig**
der **B __ ld __ chir __**
das **H __ n __ y**
der **K __ pf __ öre __**
das **M __ di __ am __ nt**
das **Pf __ as __ er**
die **Ro __ l __ rep __ e**
der **Tun __ e __**
der **Z __ g**

K	O	P	F	H	Ö	R	E	R	M	T	F
E	P	F	C	X	I	N	B	A	O	U	R
B	I	L	D	S	C	H	I	R	M	N	Z
H	B	A	H	N	S	T	E	I	G	N	U
A	D	S	L	S	W	H	Z	K	O	E	G
N	U	T	I	Y	A	E	G	Q	U	L	J
D	M	E	D	I	K	A	M	E	N	T	V
Y	T	R	O	L	L	T	R	E	P	P	E

3 Schreibe die Buchstaben in der richtigen Reihenfolge.

ruchaen ....

das **Pfalstre** ....

die **Nessü** ....

die **Relltropep** ....

der **Kepfhorör** ....

der **Zeckur** ....

bilgli ....

die **Tattlebe** ....

das **Ratsuarent** ....

das **Hyand** ....

der **Tunlen** ....

venboter ....

das **Mekidemant** ....

die **Tastarut** ....

der **Zgu** ....

der **Etsre-Hifle-Kasnet** ....

der **Blidirmsch** ....

die **Linnes** ....

das **Mhel** ....

der **Banshtegi** ....

die **Msau** ....

die **Bangade** ....

die **Behnon** ....

tueer ....

die **Urh** ....

Geschafft? Abgehakt!

TAG 1

1 Lies das Wort laut vor und schreibe es auf.

bekommen
[bəˈkɔmən]

das **Geschenk**
[gəˈʃɛŋk]

geben
[ˈgeːbn̩]

der **Freund,** die **Freundin**
[frɔynt, ˈfrɔyndɪn]

der **Rollstuhl**
[ˈrɔlʃtuːl]

2 Präge dir die 5 Wörter kurz ein.

3 Verdecke die linke Seite, vervollständige die Wörter und sprich sie aus.

b ....

g ....

der **F** ...., die **F** ....

das **G** ....

der **R** ....

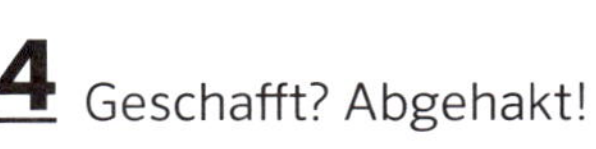

4 Geschafft? Abgehakt!

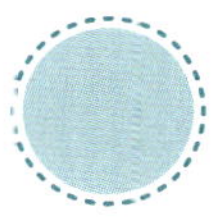

TAG 2

1 Lies das Wort laut vor und schreibe es auf.

die **Nacht**
[naxt]

der **Morgen**
[ˈmɔrgn̩]

der **Mittag**
[ˈmɪtaːk]

der **Nachmittag**
[ˈnaːxmɪtaːk]

der **Abend**
[ˈaːbn̩t]

2 Präge dir die 5 Wörter kurz ein.

3 Verdecke die linke Seite, vervollständige die Wörter und sprich sie aus.

die **N** ....

der **M** ....

der **M** ....

der **N** ....

der **A** ....

4 Geschafft? Abgehakt!

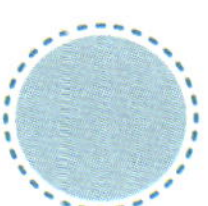

TAG 3

1 Lies das Wort laut vor und schreibe es auf.

das **Kopfkissen**
[ˈkɔpfkɪsn̩]

das **Bett**
[bɛt]

die **Schublade**
[ˈʃuːplaːdə]

die **Bettdecke**
[ˈbɛtdɛkə]

die **Kommode**
[kɔˈmoːdə]

2 Präge dir die 5 Wörter kurz ein.

3 Verdecke die linke Seite, vervollständige die Wörter und sprich sie aus.

die **S** ....

das **B** ....

das **K** ....

die **B** ....

die **K** ....

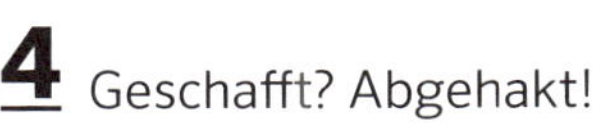

4 Geschafft? Abgehakt!

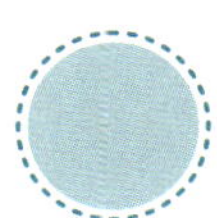

TAG 4

1 Lies das Wort laut vor und schreibe es auf.

der **Ellbogen**
[ˈɛlboːgn̩]

die **Schulter**
[ˈʃʊltɐ]

die **Hand**
[hant]

der **Bauch**
[baux]

das **Bein**
[bain]

2 Präge dir die 5 Wörter kurz ein.

3 Verdecke die linke Seite, vervollständige die Wörter und sprich sie aus.

der **B** ....

das **B** ....

die **S** ....

der **E** ....

die **H** ....

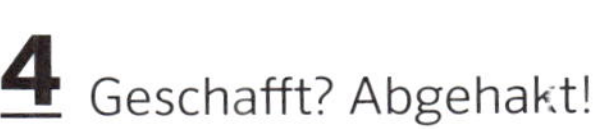

4 Geschafft? Abgehakt!

TAG 5

1 Lies das Wort laut vor und schreibe es auf.

öffnen
[ˈœfnən]

schließen
[ˈʃliːsn̩]

der **Sitz**
[zɪts]

starten
[ˈʃtartn̩]

landen
[ˈlandn̩]

2 Präge dir die 5 Wörter kurz ein.

3 Verdecke die linke Seite, vervollständige die Wörter und sprich sie aus.

ö ....

s ....

der **S** ....

s ....

l ....

4 Geschafft? Abgehakt!

TESTE DICH! Wie viele Wörter der letzten 5 Tage kannst du noch?

1 Verbinde jedes Bild mit dem richtigen Wort.

die Nacht **die Kommode** **der Abend** **der Mittag** **der Morgen** **der Sitz** **öffnen** **landen**

das Geschenk **die Hand** **schließen** **der Ellbogen** **der Nachmittag** **starten** **das Kopfkissen**

2 Ergänze die Lücken und suche die Wörter im Wortgitter.

der **Ba __ c __**
das **B __ in**
b __ ko __ m __ n
das **Be __ t**
die **B __ tt __ e __ ke**
die **Fre __ ndi __**
g __ b __ n
der **Rol __ st __ h __**
die **Sc __ ub __ ad __**
die **Sc __ ult __ r**

S	C	H	U	B	L	A	D	E	F
B	B	S	C	H	U	L	T	E	R
M	E	E	O	B	A	U	C	H	E
S	W	T	I	U	Y	N	S	P	U
A	L	V	T	N	G	E	B	E	N
B	E	K	O	M	M	E	N	R	D
R	O	L	L	S	T	U	H	L	I
B	E	T	T	D	E	C	K	E	N

3 Schreibe die Buchstaben in der richtigen Reihenfolge.

bemomken ....

der **Adenb** ....

das **Gscheken** ....

die **Schluret** ....

lannde ....

das **Btte** ....

die **Hnad** ....

die **Natch** ....

der **Mitgat** ....

die **Kemmodo** ....

schleienß ....

der **Nichtmatag** ....

geneb ....

die **Bedeckett** ....

der **Szit** ....

der/die **Frendu/-in** ....

die **Suchbalde** ....

das **Beni** ....

der **Elblogne** ....

starnet ....

das **Kopifksesn** ....

der **Rulllstoh** ....

der **Buach** ....

der **Mergon** ....

öfnfen ....

Geschafft? Abgehakt!

TAG 1

1 Lies das Wort laut vor und schreibe es auf.

schlafen
[ˈʃlaːfn̩]

aufstehen
[ˈaufʃteːən]

der **Schreibtisch**
[ˈʃraiptɪʃ]

arbeiten
[ˈarbaitn̩]

das **Wochenende**
[ˈvɔxn̩ʔɛndə]

2 Präge dir die 5 Wörter kurz ein.

3 Verdecke die linke Seite, vervollständige die Wörter und sprich sie aus.

s ....

a ....

der **S** ....

a ....

das **W** ....

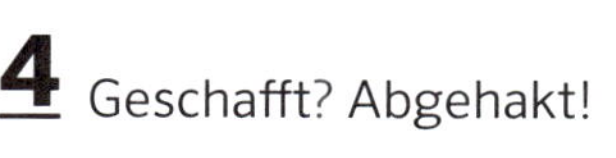

4 Geschafft? Abgehakt!

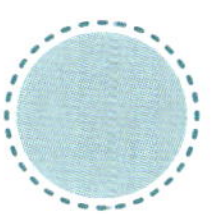

TAG 2

1 Lies das Wort laut vor und schreibe es auf.

die **Sonne**
[ˈzɔnə]

der **Mond**
[moːnt]

der **Stern**
[ʃtɛrn]

früh
[fryː]

spät
[ʃpɛːt]

2 Präge dir die 5 Wörter kurz ein.

3 Verdecke die linke Seite, vervollständige die Wörter und sprich sie aus.

die **S** ....

der **M** ....

der **S** ....

f ....

s ....

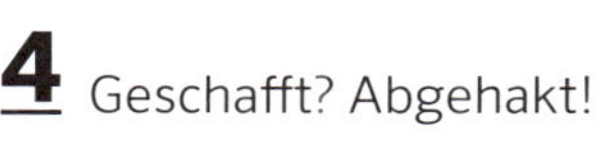

4 Geschafft? Abgehakt!

TAG 3

1 Lies das Wort laut vor und schreibe es auf.

der **Kellner,** die **Kellnerin**
[ˈkɛlnɐ, ˈkɛlnərɪn]

bestellen
[bəˈʃtɛlən]

das **Bier**
[biːɐ̯]

die/das **Cola**
[ˈkoːla]

die **Speisekarte**
[ˈʃpaizəkartə]

2 Präge dir die 5 Wörter kurz ein.

3 Verdecke die linke Seite, vervollständige die Wörter und sprich sie aus.

die/das **C** ....

das **B** ....

b ....

der **K** ...., die **K** ....

die **S** ....

4 Geschafft? Abgehakt!

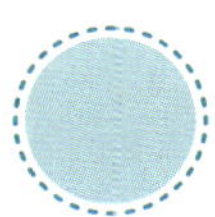

TAG 4

1 Lies das Wort laut vor und schreibe es auf.

das **Hemd**
[hɛmt]

der **Pullover**
[pʊˈloːvɐ]

der **Hut**
[huːt]

der **Gehstock**
[ˈgeːʃtɔk]

die **Socke**
[ˈzɔkə]

2 Präge dir die 5 Wörter kurz ein.

3 Verdecke die linke Seite, vervollständige die Wörter und sprich sie aus.

der **P** ....

das **H** ....

der **H** ....

der **G** ....

die **S** ....

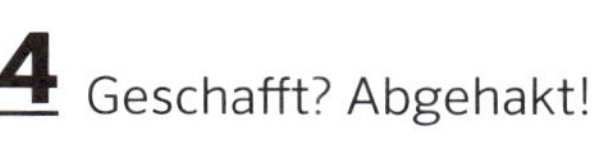

4 Geschafft? Abgehakt!

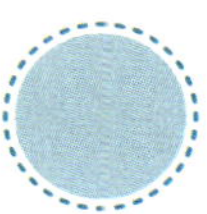

TAG 5

1 Lies das Wort laut vor und schreibe es auf.

der **Kreisverkehr**
[ˈkraisfɛɐ̯keːɐ̯]

die **Autobahn**
[ˈautobaːn]

die **Kreuzung**
[ˈkrɔytsʊŋ]

die **Straßenbahn**
[ˈʃtraːsn̩baːn]

die **U-Bahn**
[ˈuːbaːn]

2 Präge dir die 5 Wörter kurz ein.

3 Verdecke die linke Seite, vervollständige die Wörter und sprich sie aus.

der **K** ....

die **A** ....

die **K** ....

die **S** ....

die **U** ....

4 Geschafft? Abgehakt!

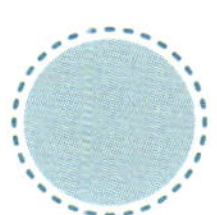

TESTE DICH! Wie viele Wörter der letzten 5 Tage kannst du noch?

1 Verbinde jedes Bild mit dem richtigen Wort.

arbeiten **spät** **die Kreuzung** **der Mond** **schlafen** **der Stern** **der Kreisverkehr** **die U-Bahn**

früh **die Straßenbahn** **das Wochenende** **der Schreibtisch** **die Autobahn** **die Sonne** **aufstehen**

2 Ergänze die Lücken und suche die Wörter im Wortgitter.

be __ tel __ en
das **B __ er**
die/das **Co __ a**
der **Ge __ st __ ck**
das **He __ d**
der **Hu __**
der **K __ ll __ er**
der **P __ llo __ er**
die **So __ k __**
die **Spe __ sek __ r __ e**

S	H	L	G	E	H	S	T	O	C	K
O	B	E	S	T	E	L	L	E	N	E
C	P	E	M	V	J	B	W	F	I	L
K	A	B	G	D	E	U	H	Y	O	L
E	O	N	C	A	C	K	R	U	D	N
S	P	E	I	S	E	K	A	R	T	E
S	D	S	P	U	L	L	O	V	E	R
B	I	E	R	T	M	C	O	L	A	H

3 Schreibe die Buchstaben in der richtigen Reihenfolge.

stäp	der/die **Kelnler/-in** ....
abrieten	die **Keruznug** ....
der **Htu**	der **Srechibtsich** ....
die **U-Bhna**	die/das **Calo** ....
das **Beri**	das **Hmed** ....
die **Secko**	der **Gehscotk** ....
die **Snone**	die **Sratßenbhan** ....
schaflen	**besnellet** ....
der **Sertn**	das **Wechoneend** ....
die **Sepisekerta**	der **Polluvre** ....
die **Aotuhabn**	der **Mnod** ....
fürh	der **Kriesveherkr** ....
aefstuhen	

Geschafft? Abgehakt!

TAG 1

1 Lies das Wort laut vor und schreibe es auf.

das **Fleisch**
[flaiʃ]

das **Gemüse**
[gəˈmyːzə]

der **Reis**
[rais]

der **Teller**
[ˈtɛlɐ]

die **Soße**
[ˈzoːsə]

2 Präge dir die 5 Wörter kurz ein.

3 Verdecke die linke Seite, vervollständige die Wörter und sprich sie aus.

das **F** ....

das **G** ....

der **R** ....

die **S** ....

der **T** ....

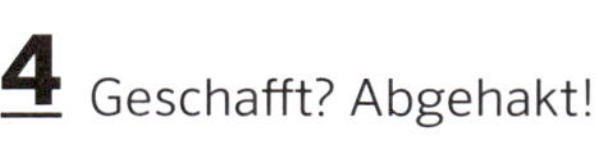

4 Geschafft? Abgehakt!

TAG 2

1 Lies das Wort laut vor und schreibe es auf.

die **Toilette**
[to̯aˈlɛtə]

das **Toilettenpapier**
[to̯aˈlɛtn̩papiːɐ̯]

Zähne putzen
[ˈtsɛːnə ˌpʊtsn̩]

baden
[ˈbaːdn̩]

duschen
[ˈduːʃn̩]

2 Präge dir die 5 Wörter kurz ein.

3 Verdecke die linke Seite, vervollständige die Wörter und sprich sie aus.

die **T** ....

das **T** ....

Z ....

b ....

d ....

4 Geschafft? Abgehakt!

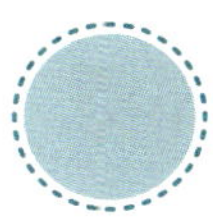

TAG 3

1 Lies das Wort laut vor und schreibe es auf.

die **Hose**
[ˈhoːzə]

---

die **Sonnenbrille**
[ˈzɔnənbrɪlə]

der **Gürtel**
[ˈɡʏrtl̩]

---

der **Mantel**
[ˈmantl̩]

---

der **Handschuh**
[ˈhantʃuː]

2 Präge dir die 5 Wörter kurz ein.

3 Verdecke die linke Seite, vervollständige die Wörter und sprich sie aus.

die **H** ....

die **S** ....

der **G** ....

der **M** ....

der **H** ....

4 Geschafft? Abgehakt!

TAG **4**

1 Lies das Wort laut vor und schreibe es auf.

der **Reisepass**
[ˈraizəpas]

die **Ankunft**
[ˈankʊnft]

die **Passkontrolle**
[ˈpaskɔntrɔlə]

die **Sicherheitskontrolle**
[ˈziçɐhaitskɔntrɔlə]

der **Abflug**
[ˈapfluːk]

2 Präge dir die 5 Wörter kurz ein.

3 Verdecke die linke Seite, vervollständige die Wörter und sprich sie aus.

der **R** ....

die **A** ....

der **A** ....

die **P** ....

die **S** ....

4 Geschafft? Abgehakt!

TAG **5**

1 Lies das Wort laut vor und schreibe es auf.

der **Stau**
[ʃtau]

die **Ampel**
[ˈampl̩]

rot
[roːt]

gelb
[gɛlp]

grün
[gryːn]

2 Präge dir die 5 Wörter kurz ein.

3 Verdecke die linke Seite, vervollständige die Wörter und sprich sie aus.

die **A** ....

r ....

g ....

g ....

der **S** ....

4 Geschafft? Abgehakt!

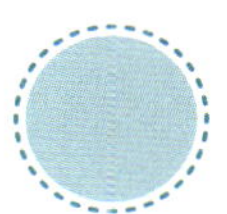

TESTE DICH!

Wie viele Wörter der letzten 5 Tage kannst du noch?

1 Verbinde jedes Bild mit dem richtigen Wort.

das Toiletten-papier **die Pass-kontrolle** **die Sonnenbrille** **der Reis** **duschen** **rot** **das Gemüse** **baden**

die Ankunft **Zähne putzen** **die Sicher-heitskontrolle** **der Reisepass** **die Toilette** **der Abflug** **der Gürtel**

2 Ergänze die Lücken und suche die Wörter im Wortgitter.

die **A __ pe __**
das **Fle __ s __ h**
g __ lb
gr __ n
der **Ha __ ds __ hu __**
die **H __ se**
der **M __ nt __ l**
die **S __ ße**
der **S __ au**
der **Te __ le __**

F	M	B	K	S	O	ß	E	N
H	A	N	D	S	C	H	U	H
B	N	M	W	D	G	O	A	O
S	T	P	P	G	R	Ü	N	S
T	E	L	L	E	R	I	I	E
S	L	J	M	L	L	T	L	H
E	A	R	U	B	S	T	A	U
C	V	F	L	E	I	S	C	H

3 Schreibe die Buchstaben in der richtigen Reihenfolge.

dnusche	der **Manlet** ....
die **Soeß**	**gleb** ....
der **Afbulg**	der **Rsie** ....
der **Saut**	die **Heso** ....
die **Snonenbrelli**	die **Aknufnt** ....
die **Sihcerhetiskotnorlel**	die **Psaskotrollne** ....
die **Tolietet**	**gürn** ....
das **Fielsch**	der **Grület** ....
Zenäh petzun	der **Teerll** ....
der **Hanschduh**	der **Resiepsas** ....
rto	das **Tiloettnepaprei** ....
baned	die **Alpem** ....
das **Gümees**	

Geschafft? Abgehakt!

TAG 1

1 Lies das Wort laut vor und schreibe es auf.

die **Erdbeeren**
[ˈeːɐ̯tbeːrən]

---

der **Apfel**
[ˈapfl̩]

die **Banane**
[baˈnaːnə]

---

die **Melone**
[meˈloːnə]

---

die **Orange**
[oˈrãːʒə]

2 Präge dir die 5 Wörter kurz ein.

3 Verdecke die linke Seite, vervollständige die Wörter und sprich sie aus.

die **E** ....

der **A** ....

die **B** ....

die **M** ....

die **O** ....

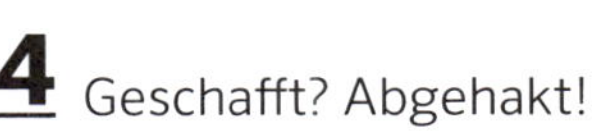

4 Geschafft? Abgehakt!

TAG 2

1 Lies das Wort laut vor und schreibe es auf.

Rollstuhl fahren
[ˈrɔlʃtuːlˌfaːrən]

gehen
[ˈgeːən]

sitzen
[ˈzɪtsn̩]

liegen
[ˈliːgn̩]

stehen
[ˈʃteːən]

2 Präge dir die 5 Wörter kurz ein.

3 Verdecke die linke Seite, vervollständige die Wörter und sprich sie aus.

g ……………………………………………

R ……………………………………………

s ……………………………………………

l ……………………………………………

s ……………………………………………

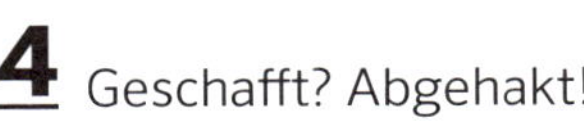

4 Geschafft? Abgehakt!

TAG 3

1 Lies das Wort laut vor und schreibe es auf.

die **Badewanne**
[ˈbaːdəvanə]

das **Shampoo**
[ˈʃampu]

die **Dusche**
[ˈduːʃə]

der **Spiegel**
[ˈʃpiːgl̩]

das **Handtuch**
[ˈhanttuːx]

2 Präge dir die 5 Wörter kurz ein.

3 Verdecke die linke Seite, vervollständige die Wörter und sprich sie aus.

das **S** ....

der **S** ....

die **B** ....

das **H** ....

die **D** ....

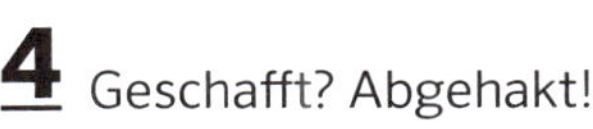

4 Geschafft? Abgehakt!

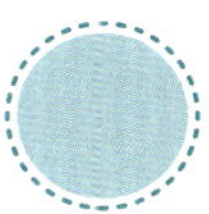

TAG 4

1 Lies das Wort laut vor und schreibe es auf.

faul
[faul]

schnell
[ʃnɛl]

langsam
[ˈlaŋzaːm]

hart
[hart]

weich
[vaiç]

2 Präge dir die 5 Wörter kurz ein.

3 Verdecke die linke Seite, vervollständige die Wörter und sprich sie aus.

f ....

s ....

l ....

h ....

w ....

4 Geschafft? Abgehakt!

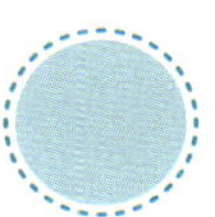

TAG 5

1 Lies das Wort laut vor und schreibe es auf.

trinken
[ˈtrɪŋkn̩]

das **Obst**
[oːpst]

die **Weintraube**
[ˈvaintraubə]

der **Saft**
[zaft]

der **Wein**
[vain]

2 Präge dir die 5 Wörter kurz ein.

3 Verdecke die linke Seite, vervollständige die Wörter und sprich sie aus.

t ....

das **O** ....

die **W** ....

der **S** ....

der **W** ....

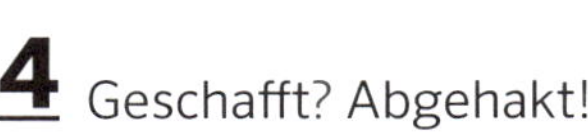

4 Geschafft? Abgehakt!

TESTE DICH! Wie viele Wörter der letzten 5 Tage kannst du noch?

1 Verbinde jedes Bild mit dem richtigen Wort.

weich **liegen** **der Wein** **gehen** **schnell** **das Obst** **Rollstuhl fahren** **faul**

die Weintraube **sitzen** **trinken** **hart** **der Saft** **langsam** **stehen**

2 Ergänze die Lücken und suche die Wörter im Wortgitter.

der **A __ f __ l**
die **Ba __ ew __ n __ e**
die **B __ n __ n __**
die **E __ dbe __ re __**
die **D __ sc __ e**
das **H __ n __ tuc __**
die **Me __ o __ e**
die **O __ an __ e**
das **S __ a __ po __**
der **Sp __ e __ e __**

B	A	D	E	W	A	N	N	E	E	S
A	P	O	U	U	R	D	T	M	C	H
N	F	A	H	S	O	F	M	E	K	A
A	E	S	E	V	C	R	W	L	E	M
N	L	I	S	O	Z	H	A	O	L	P
E	R	D	B	E	E	R	E	N	U	O
G	S	P	I	E	G	E	L	E	G	O
B	H	A	N	D	T	U	C	H	I	E

3 Schreibe die Buchstaben in der richtigen Reihenfolge.

shteen	das **Hundtach** ....
die **Molene**	die **Weitnauber** ....
lasngam	die **Bennaa** ....
der **Wnei**	das **Shomapo** ....
der **Speigle**	**schelln** ....
weihc	**hatr** ....
geenh	der **Staf** ....
die **Erbdeener**	die **Baednanwe** ....
setzin	die **Ornage** ....
die **Dusech**	**flau** ....
das **Ostb**	**Rlolstulh farhne** ....
ligeen	**triknen** ....
der **Afpel**	

Geschafft? Abgehakt!

TAG 1

1 Lies das Wort laut vor und schreibe es auf.

das **Bügelbrett**
[ˈbyːgl̩brɛt]

das **Bügeleisen**
[ˈbyːgl̩ʔaizn̩]

die **Waschmaschine**
[ˈvaʃmaʃiːnə]

der **Eimer**
[ˈaimɐ]

der **Staubsauger**
[ˈʃtaupzaugɐ]

2 Präge dir die 5 Wörter kurz ein.

3 Verdecke die linke Seite, vervollständige die Wörter und sprich sie aus.

der **E** ....

die **W** ....

das **B** ....

das **B** ....

der **S** ....

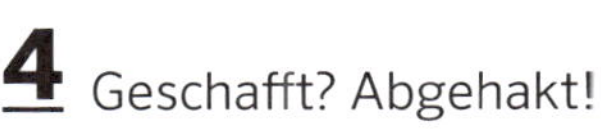

4 Geschafft? Abgehakt!

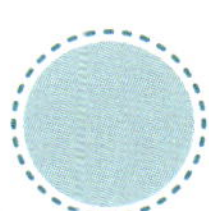

TAG **2**

1 Lies das Wort laut vor und schreibe es auf.

heiß
[hais]

kalt
[kalt]

das **Gewitter**
[gəˈvɪtɐ]

der
Regenbogen
[ˈreːgn̩boːgn̩]

das **Eis**
[ais]

2 Präge dir die 5 Wörter kurz ein.

3 Verdecke die linke Seite, vervollständige die Wörter und sprich sie aus.

h ....

k ....

das **G** ....

der **R** ....

das **E** ....

4 Geschafft? Abgehakt!

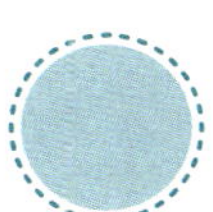

TAG 3

1 Lies das Wort laut vor und schreibe es auf.

die **Stadt**
[ʃtat]

die **Brücke**
[ˈbrʏkə]

der **Gehweg**
[ˈgeːveːk]

der **Fußgänger**, die **Fußgängerin**
[ˈfuːsgɛŋɐ, ˈfuːsgɛŋərɪn]

die **Straße**
[ˈʃtraːsə]

2 Präge dir die 5 Wörter kurz ein.

3 Verdecke die linke Seite, vervollständige die Wörter und sprich sie aus.

die **S** ....

die **B** ....

der **G** ....

die **S** ....

der **F** ...., die **F** ....

4 Geschafft? Abgehakt!

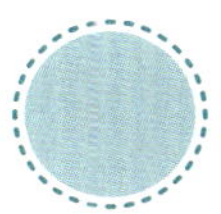

TAG **4**

1 Lies das Wort laut vor und schreibe es auf.

die **Zitrone**
[tsiˈtroːnə]

---

die **Flasche**
[ˈflaʃə]

das **Wasser**
[ˈvasɐ]

---

das **Getränk**
[ɡəˈtrɛŋk]

---

das **Glas**
[ɡlaːs]

2 Präge dir die 5 Wörter kurz ein.

3 Verdecke die linke Seite, vervollständige die Wörter und sprich sie aus.

die **Z** ....

das **W** ....

das **G** ....

das **G** ....

die **F** ....

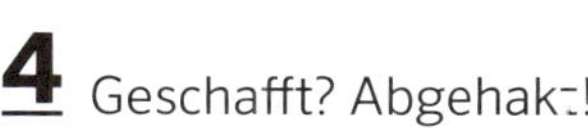

4 Geschafft? Abgehakt!

TAG 5

1 Lies das Wort laut vor und schreibe es auf.

die **Bushaltestelle**
[ˈbʊshaltəʃtɛlə]

der **Fahrplan**
[ˈfaːɐ̯plaːn]

die **Fahrkarte**
[ˈfaːɐ̯kartə]

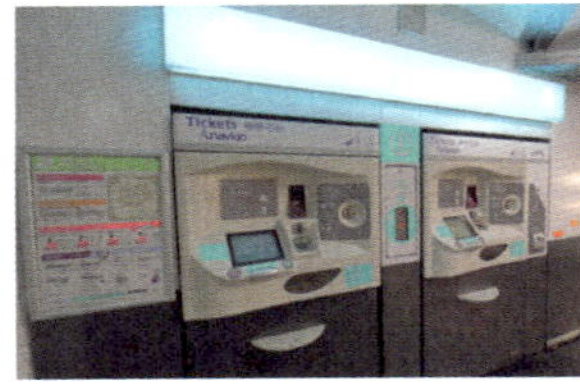

der **Fahrkartenautomat**
[ˈfaːɐ̯kartn̩ʔautomaːt]

der **Bahnhof**
[ˈbaːnhoːf]

2 Präge dir die 5 Wörter kurz ein.

3 Verdecke die linke Seite, vervollständige die Wörter und sprich sie aus.

die **B** ....

der **F** ....

die **F** ....

der **F** ....

der **B** ....

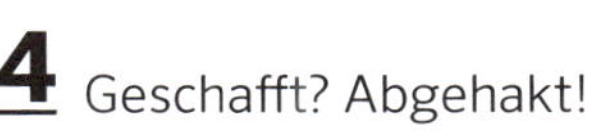
4 Geschafft? Abgehakt!

TESTE DICH!

Wie viele Wörter der letzten 5 Tage kannst du noch?

1 Verbinde jedes Bild mit dem richtigen Wort.

die Straße · **heiß** · **der Fahrkartenautomat** · **der Staubsauger** · **der Fußgänger, die Fußgängerin** · **die Bushaltestelle** · **kalt**

der Bahnhof · **die Zitrone** · **das Eis** · **die Waschmaschine** · **die Fahrkarte** · **das Gewitter** · **der Regenbogen** · **der Fahrplan**

2 Ergänze die Lücken und suche die Wörter im Wortgitter.

die **B __ ü __ ke**
das **B __ ge __ bre __ t**
das **Bü __ e __ ei __ en**
der **E __ me __**
die **F __ as __ h __**
der **G __ h __ eg**
das **Ge __ rän __**
das **Gl __ s**
die **S __ ad __**
das **W __ ss __ r**

G	C	F	L	A	S	C	H	E	G	E
E	B	Ü	G	E	L	E	I	S	E	N
T	M	R	H	J	I	N	S	D	H	L
R	G	R	Ü	A	P	M	E	I	W	S
Ä	O	L	Q	C	F	U	E	B	E	T
N	G	Z	A	U	K	V	T	R	G	A
K	B	W	A	S	S	E	R	K	A	D
B	Ü	G	E	L	B	R	E	T	T	T

3 Schreibe die Buchstaben in der richtigen Reihenfolge.

das **Esi** ....

das **Begülbettr** ....

das **Gals** ....

der **Bhanfoh** ....

die **Bürcke** ....

die **Faschel** ....

heßi ....

der **Eirem** ....

das **Gewitret** ....

der/die **Fäßgungre/-in** ....

der **Frahpaln** ....

der **Renegboneg** ....

die **Wachshamscine** ....

die **Streßa** ....

die **Fahkraret** ....

das **Bülegeinse** ....

die **Sadtt** ....

das **Wasres** ....

das **Genträk** ....

der **Fakrhartenoutamta** ....

der **Gehgew** ....

der **Satusbauger** ....

die **Zetroni** ....

klat ....

die **Buhsatlestelel** ....

Geschafft? Abgehakt!

TAG 1

1 Lies das Wort laut vor und schreibe es auf.

backen
[ˈbakn̩]

schälen
[ˈʃɛːlən]

schneiden
[ˈʃnaidn̩]

kochen
[ˈkɔxn̩]

braten
[ˈbraːtn̩]

2 Präge dir die 5 Wörter kurz ein.

3 Verdecke die linke Seite, vervollständige die Wörter und sprich sie aus.

b ....

s ....

s ....

k ....

b ....

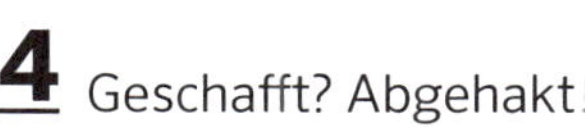

4 Geschafft? Abgehakt!

TAG 2

1 Lies das Wort laut vor und schreibe es auf.

nehmen
[ˈneːmən]

tragen
[ˈtraːgn̩]

sprechen
[ˈʃprɛçən]

hören
[ˈhøːrən]

sehen
[ˈzeːən]

2 Präge dir die 5 Wörter kurz ein.

3 Verdecke die linke Seite, vervollständige die Wörter und sprich sie aus.

n ....

t ....

s ....

h ....

s ....

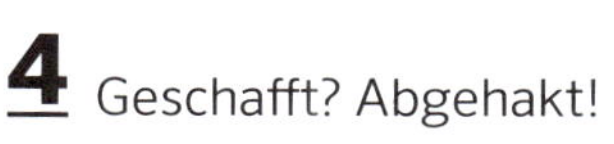

4 Geschafft? Abgehakt!

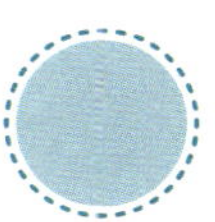

TAG 3

1 Lies das Wort laut vor und schreibe es auf.

das **Badezimmer**
[ˈbaːdətsɪmɐ]

---

das **Schlafzimmer**
[ˈʃlaːftsɪmɐ]

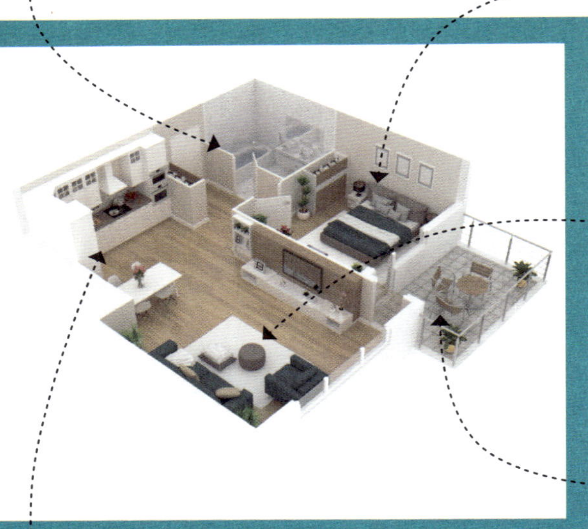

das **Wohnzimmer**
[ˈvoːntsɪmɐ]

---

der **Balkon**
[balˈkɔŋ]

---

die **Küche**
[ˈkʏçə]

2 Präge dir die 5 Wörter kurz ein.

3 Verdecke die linke Seite, vervollständige die Wörter und sprich sie aus.

der **B** ....

die **K** ....

das **W** ....

das **B** ....

das **S** ....

4 Geschafft? Abgehakt!

TAG 4

1 Lies das Wort laut vor und schreibe es auf.

verschneit
[fɛɐ̯ˈʃnait]

sonnig
[ˈzɔnɪç]

wolkig
[ˈvɔlkɪç]

neblig
[ˈneːblɪç]

windig
[ˈvɪndɪç]

2 Präge dir die 5 Wörter kurz ein.

3 Verdecke die linke Seite, vervollständige die Wörter und sprich sie aus.

v ....

s ....

w ....

n ....

w ....

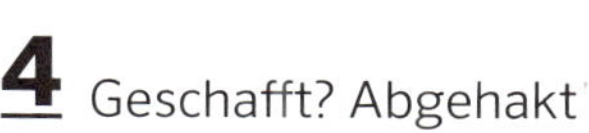

4 Geschafft? Abgehakt

TAG 5

1 Lies das Wort laut vor und schreibe es auf.

der **See**
[zeː]

der **Wald**
[valt]

die **Wiese**
[ˈviːzə]

das **Blatt**
[blat]

der **Baum**
[baum]

2 Präge dir die 5 Wörter kurz ein.

3 Verdecke die linke Seite, vervollständige die Wörter und sprich sie aus.

der **S** ....

der **W** ....

die **W** ....

das **B** ....

der **B** ....

4 Geschafft? Abgehakt!

TESTE DICH! Wie viele Wörter der letzten 5 Tage kannst du noch?

1 Verbinde jedes Bild mit dem richtigen Wort.

       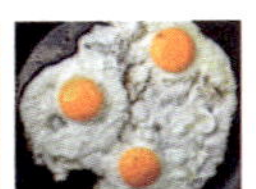

wolkig **sprechen** **neblig** **sehen** **braten** **backen** **tragen** **windig**

sonnig **schneiden** **schälen** **nehmen** **verschneit** **kochen** **hören**

2 Ergänze die Lücken und suche die Wörter im Wortgitter.

der **B __ lk __ n**
das **Ba __ ez __ m __ er**
der **Ba __ m**
das **B __ at __**
die **Kü __ h __**
das **S __ hl __ fz __ m __ er**
der **S __ e**
der **Wal __**
die **Wi __ s __**
das **Wo __ nzi __ m __ r**

S	C	H	L	A	F	Z	I	M	M	E	R
W	O	H	N	Z	I	M	M	E	R	S	B
I	V	B	A	D	E	Z	I	M	M	E	R
E	A	L	A	J	U	H	Q	W	O	L	D
S	I	A	B	L	E	B	U	E	A	P	R
E	S	T	A	Y	K	Ü	C	H	E	L	M
P	E	T	U	R	S	O	T	C	K	Z	D
X	E	G	M	O	W	G	N	I	F	C	N

3 Schreibe die Buchstaben in der richtigen Reihenfolge.

seneh	das **Bazedimmer** ....
kechon	die **Wiees** ....
wolgik	**schdeinen** ....
der **Buma**	der **Bolkan** ....
die **Khüce**	**songin** ....
widnig	**nelbig** ....
nemneh	das **Baltt** ....
bacnek	das **Whonmzimer** ....
shrecpen	**bnater** ....
das **Schfalmizmer**	**veschrneit** ....
der **Wadl**	**targen** ....
herön	der **See** ....
schänel	

Geschafft? Abgehakt!

TAG 1

1 Lies das Wort laut vor und schreibe es auf.

das **Frühstück**
[ˈfryːʃtʏk]

das **Mittagessen**
[ˈmɪtaːkʔɛsn̩]

das **Abendessen**
[ˈaːbn̩tʔɛsn̩]

der **Snack**
[ʃnɛk]

Prost!
[proːst]

2 Präge dir die 5 Wörter kurz ein.

3 Verdecke die linke Seite, vervollständige die Wörter und sprich sie aus.

das **F** ....

das **M** ....

das **A** ....

der **S** ....

P ....

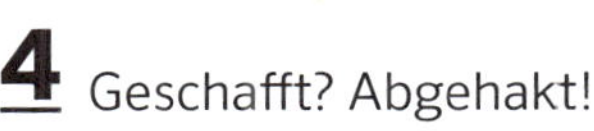

4 Geschafft? Abgehakt!

TAG 2

1 Lies das Wort laut vor und schreibe es auf.

das **Papier**
[paˈpiːɐ̯]

---

schreiben
[ˈʃraibn̩]

Stift
[ʃtɪft]

---

der **Computer**
[kɔmˈpjuːtɐ]

---

die **Brille**
[ˈbrɪlə]

2 Präge dir die 5 Wörter kurz ein.

3 Verdecke die linke Seite, vervollständige die Wörter und sprich sie aus.

das **P** ....

die **B** ....

s ....

der **S** ....

der **C** ....

4 Geschafft? Abgehakt!

TAG 3

1 Lies das Wort laut vor und schreibe es auf.

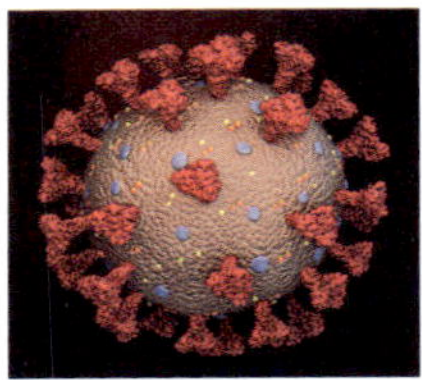

das/der **Virus**
[ˈviːrʊs]

gesund
[gəˈzʊnt]

krank
[kraŋk]

der **Mundschutz**
[ˈmʊntʃʊts]

die **Pandemie**
[pandeˈmiː]

2 Präge dir die 5 Wörter kurz ein.

3 Verdecke die linke Seite, vervollständige die Wörter und sprich sie aus.

das/der **V** ....

k ....

g ....

der **M** ....

die **P** ....

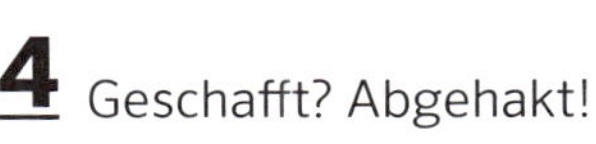

4 Geschafft? Abgehakt!

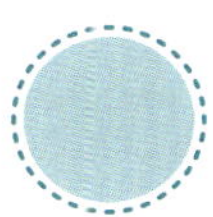

TAG **4**

1 Lies das Wort laut vor und schreibe es auf.

singen
[ˈzɪŋən]

tanzen
[ˈtantsn̩]

laut
[laut]

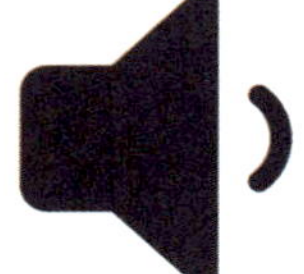

leise
[ˈlaizə]

die **Musik**
[muˈziːk]

2 Präge dir die 5 Wörter kurz ein.

3 Verdecke die linke Seite, vervollständige die Wörter und sprich sie aus.

s ....

t ....

l ....

l ....

die **M** ....

4 Geschafft? Abgehakt!

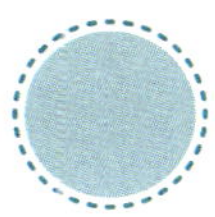

TAG 5

1 Lies das Wort laut vor und schreibe es auf.

das **Fenster**
[ˈfɛnstɐ]

die **Lampe**
[ˈlampə]

der **Sessel**
[ˈzɛsl̩]

das **Sofa**
[ˈzoːfa]

der **Teppich**
[ˈtɛpɪç]

2 Präge dir die 5 Wörter kurz ein.

3 Verdecke die linke Seite, vervollständige die Wörter und sprich sie aus.

das **F** ....

der **S** ....

das **S** ....

die **L** ....

der **T** ....

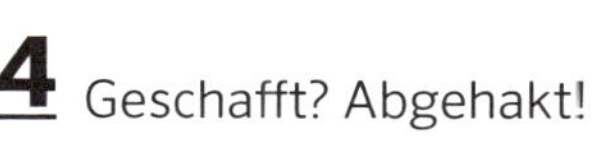

4 Geschafft? Abgehakt!

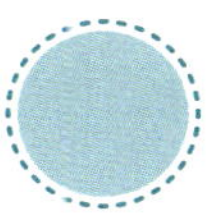

TESTE DICH! Wie viele Wörter der letzten 5 Tage kannst du noch?

1 Verbinde jedes Bild mit dem richtigen Wort.

die Pandemie **Prost!** **leise** **krank** **die Musik** **das/der Virus** **das Abendessen** **singen**

das Frühstück **der Snack** **der Mundschutz** **laut** **das Mittagessen** **gesund** **tanzen**

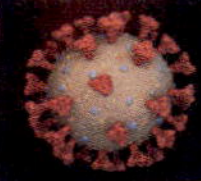

2 Ergänze die Lücken und suche die Wörter im Wortgitter.

die **B __ il __ e**
der **C __ m __ ute __**
das **Fe __ st __ r**
die **L __ m __ e**
das **P __ pie __**
sc __ rei __ e __
der **Ses __ e __**
das **So __ a**
der **St __ f __**
der **Te __ pi __ h**

F	N	F	E	N	S	T	E	R
C	O	M	P	U	T	E	R	P
S	E	S	S	E	L	P	B	A
T	O	P	M	L	E	P	R	P
I	R	F	O	A	D	I	I	I
F	A	S	A	M	G	C	L	E
T	I	B	C	P	U	H	L	R
S	C	H	R	E	I	B	E	N

3 Schreibe die Buchstaben in der richtigen Reihenfolge.

der **Cemputor**	der **Mnduschtuz** ....
der **Sanck**	das **Safo** ....
latu	das **Anbedesnes** ....
der **Tepipch**	das/der **Vuris** ....
knark	**taznen** ....
die **Misuk**	**leeis** ....
das **Prapie**	die **Lapme** ....
das **Führtüsck**	**geduns** ....
schbeiren	**Psort!** ....
die **Panmedie**	**sengin** ....
der **Sesles**	die **Berill** ....
der **Siftt**	das **Festern** ....
das **Mitatgesnes**	

Geschafft? Abgehakt!

Alphabetische Wortliste

Hier findest du alle Wörter, die du in diesem Buch lernen kannst.

T

Bildnachweis

©123RF

Bildreihenfolge von rechts oben bis links unten

4 Katarzyna Białasiewicz; **6** (a) Quanxiong ZENG, (b) degimages, (c) Matej Kastelic, (d) milkos, (e) Mark Bowden; **8** conssuella; **10** (a) Martti Tapio Salmela, (b) Alexander Lysenko, (c) Gratsias Adhi Hermawan, (d) Nataliya Popova, (e) Nataliya Popova **12** Katarzyna Białasiewicz **14** (a) Quanxiong ZENG, (b) Martti Tapio Salmela, (c) Katarzyna Białasiewicz, (d) Nataliya Popova, (e) milkos, (f) Gratsias Adhi Hermawan, (g) degimages, (h) conssuella, (i) Katarzyna Białasiewicz, (j) Matej Kastelic, (k) Alexander Lysenko, (l) Mark Bowden, (m) Katarzyna Białasiewicz, (n) Katarzyna Białasiewicz, (o) Nataliya Popova; **16** (a) gelpi, (b) ljupco, (c) serezniy, (d) ferli, (e) Irina Zharkova; **18** valentinka2021; **20** (a) kenishirotie, (b) Keattikorn Samarnggoon, (c) Pavel Stasevich, (d) akarasirithada, (e) olenago; **22** macrovector; **24** (a) Robyn Mackenzie, (b) katerynabibro, (c) movingmoment, (d) serezniy, (e) Dusan Zidar; **26** (a) olenago, (b) Irina Zharkova, (c) gelpi, (d) Pavel Stasevich, (e) movingmoment, (f) Dusan Zidar, (g) serezniy, (h) ferli, (i) katerynabibro, (j) kenishirotie, (k) Keattikorn Samarnggoon, (l) Robyn Mackenzie, (m) akarasirithada, (n) ljupco, (o) serezniy; **28** nuchao; **30** (a) ammentorp, (b) Ievgen Onyshchenko, (c) Tomas Marek, (d) Sviatlana Yankouskaya, (e) Wavebreak Media Ltd; **32** (a) paolo77, (b) Karin Hildebrand Lau, (c) aldorado10, (d) Cucu Giorgiana Andreea, (e) neirfy; **34** Daria Kolosova; **36** Isselee Eric Philippe; **38** (a) Tomas Marek, (b) Wavebreak Media Ltd, (c) aldorado10, (d) Daria Kolosova, (e) ammentorp, (f) nuchao, (g) Karin Hildebrand Lau, (h) Daria Kolosova, (i) Isselee Eric Philippe, (j) Sviatlana Yankouskaya, (k) Ievgen Onyshchenko, (l) neirfy, (m) Isselee Eric Philippe, (n) paolo77, (o) Cucu Giorgiana Andreea; **40** milkos; **42** (a) Jozef Polc, (b) bilanol, (c) stokkete, (d) ammentorp, (e) Angelo Cordeschi; **44** Petr Goskov; **46** (a) gioiak2, (b) nenovbrothers, (c) Zukhra Kholiavskaia, (d) Ivan Ryabokon, (e) kritchanut; **48** (a) ANASTASIIA LYTVYNENKO, (b) Isselee Eric Philippe, (c) romastudio, (d) Nynke van Holten, (e) Isselee Eric Philippe; **50** (a) Isselee Eric Philippe, (b) kritchanut, (c) ANASTASIIA LYTVYNENKO, (d) nenovbrothers, (e) stokkete, (f) Nynke van Holten, (g) Isselee Eric Philippe, (h) Zukhra Kholiavskaia, (i) bilanol, (j) gioiak2, (k) romastudio, (l) Angelo Cordeschi, (m) Jozef Polc, (n) ammentorp, (o) Ivan Ryabokon; **52** ericlaudonien; **54** (a) arcady31, (b) Oleksii Nikolaiev, (c) yuriwo, (d) Ivan Ryabokon, (e) Erick Warkentin; **56** lightfieldstudios; **58** Jozef Polc; **60** serezniy; **62** (a) Oleksii Nikolaiev, (b) lightfieldstudios, (c) Ivan Ryabokon, (d) serezniy, (e) Jozef Polc, (f) lightfieldstudios, (g) serezniy, (h) ericlaudonien, (i) Jozef Polc, (j) ericlaudonien, (k) lightfieldstudios, (l) arcady31, (m) Erick Warkentin, (n) yuriwo, (o) serezniy; **64** (a) sinenkiy, (b) Ludmila Smite, (c) Vitaliy Nazarenko, (d) Iryna Bezus, (e) Tatyana Tomsickova; **66** ma8; **68** (a) Zukhra Kholiavskaia, (b) olegdudko, (c) serezniy, (d) kwanchaichaiudom, (e) Margarita Borodina; **70** (a) liew hooi feng, (b) Valentyn Volkov, (c) Uliana Dementieva, (d) gresei, (e) sangsiripech tunruen; **72** dmitryazovsky; **74** (a) serezniy, (b) gresei, (c) sinenkiy, (d) kwanchaichaiudom, (e) Uliana Dementieva, (f) olegdudko, (g) Valentyn Volkov, (h) Iryna Bezus, (i) liew hooi feng, (j) Vitaliy Nazarenko, (k) Margarita Borodina, (l) Tatyana Tomsickova, (m) Zukhra Kholiavskaia, (n) sangsiripech tunruen, (o) Ludmila Smite; **76** (a) coward __ lion, (b) Viktor Gladkov, (c) foottoo, (d) tea, (e) rh2010; **78** Evgeny Atamanenko; **80** (a) Mikhail Azarov, (b) savanno,

(c) fotoidee, (d) Ivan Mateev, (e) Antonio Guillem; **82** maridav; **84** whitecity; **86** (a) savanno, (b) Viktor Gladkov, (c) rh2010, (d) fotoidee, (e) Mikhail Azarov, (f) Evgeny Atamanenko, (g) coward _ lion, (h) Evgeny Atamanenko, (i) Evgeny Atamanenko, (j) Antonio Guillem, (k) maridav, (l) foottoo, (m) Evgeny Atamanenko, (n) tea, (o) Ivan Mateev; **88** (a) Liliya Butenko, (b) Andrey Simonenko, (c) Kovacs Agnes Zsofia, (d) Isselee Eric Philippe, (e) Charoenchai Tothaisong; **90** (a) Georgii Dolgykh, (b) Warut Chinsai, (c) serezniy, (d) ljupco, (e) lightfieldstudios; **92** Ganna Tugolukova; **94** mukhina1; **96** miramiska; **98** (a) Warut Chinsai, (b) Charoenchai Tothaisong, (c) Kovacs Agnes Zsofia, (d) lightfieldstudios, (e) serezniy, (f) miramiska, (g) Liliya Butenko, (h) miramiska, (i) miramiska, (j) Georgii Dolgykh, (k) Ganna Tugolukova, (l) ljupco, (m) mukhina1, (n) Andrey Simonenko, (o) Isselee Eric Philippe; **100** (a) Evgeny Atamanenko, (b) seventyfour74, (c) Kasper Ravlo, (d) milkos, (e) Andriy Popov; **102** noppadol thammatorn; **104** serezniy; **106** (a) Carolyn Franks, (b) supoj buranaprapapong, (c) rclassenlayouts, (d) Volodymyr Kalyniuk, (e) Irina Schmidt; **108** Andrii YURLOV; **110** (a) Evgeny Atamanenko, (b) milkos, (c) Andriy Popov, (d) Andrii YURLOV, (e) Irina Schmidt, (f) serezniy, (g) seventyfour74, (h) noppadol thammatorn, (i) serezniy, (j) Volodymyr Kalyniuk, (k) rclassenlayouts, (l) Carolyn Franks, (m) serezniy, (n) Kasper Ravlo, (o) supoj buranaprapapong; **112** (a) sedatseven, (b) Paolo Cordoni, (c) welcomia, (d) Andrii Dragan, (e) Andriy Popov; **114** Andrei Kuzmik; **116** (a) Antonio Guillem, (b) prudencio alvarez, (c) natabene, (d) Jozef Polc, (e) anetlanda; **118** Piotr Adamowicz; **120** (a) Dmitrii Shironosov, (b) rawpixel, (c) Mark Bowden, (d) photochicken, (e) NATEE MEEPIAN; **122** (a) NATEE MEEPIAN, (b) Paolo Cordoni, (c) Mark Bowden, (d) Jozef Polc, (e) anetlanda, (f) welcomia, (g) natabene, (h) Antonio Guillem, (i) rawpixel, (j) Andrii Dragan, (k) Andriy Popov, (l) photochicken, (m) sedatseven, (n) prudencio alvarez, (o) Dmitrii Shironosov; **124** lightfieldstudios; **126** (a) Tatyana Sidyukova, (b) movingmoment, (c) gresei, (d) whpics, (e) serezniy; **128** ljupco; **130** (a) Nynke van Holten, (b) Mikita Kavaliou, (c) callipso, (d) Nikolai Kashenko, (e) panor krachon; **132** hannamariah; **134** (a) Mikita Kavaliou, (b) Tatyana Sidyukova, (c) gresei, (d) panor krachon, (e) callipso, (f) lightfieldstudios, (g) whpics, (h) ljupco, (i) ljupco, (j) Nikolai Kashenko, (k) ljupco, (l) Nynke van Holten, (m) lightfieldstudios, (n) movingmoment, (o) serezniy; **136** milkos; **138** (a) Roman Zaiets, (b) Jovan Mandic, (c) serhii bobyk, (d) milkos, (e) Svitlana Hulko; **140** (a) Liubomir Paut-Fluerasu, (b) Gabriel Murad, (c) Chon Kit Leong, (d) yobro10, (e) Mark Bowden; **142** Sergiy Akhundov; **144** Oleksandr Prykhodko; **146** (a) milkos, (b) Liubomir Paut-Fluerasu, (c) Mark Bowden, (d) Gabriel Murad, (e) yobro10, (f) milkos, (g) Chon Kit Leong, (h) Sergiy Akhundov, (i) Sergiy Akhundov, (j) Svitlana Hulko, (k) Oleksandr Prykhodko, (l) serhii bobyk, (m) milkos, (n) Roman Zaiets, (o) Jovan Mandic; **148** Natalia Kostikova; **150** (a) Vladimir Tarasov, (b) serezniy, (c) ismagilov, (d) Tetiana Kravchenko, (e) sondem; **152** nosua; **154** (a) nathanipha phoeiwat, (b) Andrey Starostin, (c) liudmilachernetska, (d) timmary, (e) Ruslan Kudrin; **156** photogearch; **158** (a) nathanipha phoeiwat, (b) Tetiana Kravchenko, (c) sondem, (d) Vladimir Tarasov, (e) Ruslan Kudrin, (f) Natalia Kostikova, (g) Andrey Starostin, (h) nosua, (i) photogearch, (j) timmary, (k) Natalia Kostikova, (l) ismagilov, (m) nosua, (n) liudmilachernetska, (o) serezniy; **160** Viacheslav Iakobchuk; **162** (a) Sergey Nivens, (b) sattapapan tratong, (c) Kasper Ravlo, (d) damedeeso (e) rh2010; **164** Katarzyna Białasiewicz; **166** Roman Samborskyi; **168** (a) dimarik16, (b) Yaroslav Astakhov, (c) Jirati Juntranimit, (d) adynyoman, (e) adynyoman; **170** (a) Jirati Juntranimit, (b) adynyoman, (c) sattapapan tratong, (d) dimarik16, (e) Yaroslav Astakhov, (f) Roman Samborskyi, (g) damedeeso, (h) Katarzyna Białasiewicz, (i) Katarzyna Białasiewicz, (j) adynyoman, (k) Roman Samborskyi, (l) Sergey Nivens, (m) Viacheslav Iakobchuk, (n) rh2010, (o) Kasper Ravlo; **172** (a) Kasper Ravlo, (b) milkos, (c) Luke Wilcox, (d) Andrea De Martin, (e) Maksim Shmeljov; **174** (a) Boiko Ilia, (b) Boiko Ilia, (c) Chatchaithep Tamlikit, (d) thvideo, (e) Sean Pavone; **176** dolgachov; **178** ljupco; **180** (a) Carolyn Franks, (b) fotocorn, (c) Ryan DeBerardinis, (d) Oleksandr Prykhodko, (e) Iakov Filimonov; **182** (a) Iakov Filimonov, (b) thvideo, (c) Chatchaithep Tamlikit, (d) Sean Pavone, (e) Boiko Ilia, (f) Carolyn Franks, (g) milkos, (h) Maksim Shmeljov, (i) Ryan DeBerardinis, (j) Luke Wilcox, (k) Andrea De Martin, (l) fotocorn, (m) Oleksandr Prykhodko, (n) Boiko Ilia, (o) Kasper Ravlo; **184** Luiz Ribeiro Ribeiro; **186** (a) Maciej Koza, (b) olegdudko, (c) serezniy, (d) Andrey Zhuravlev, (e) andriano; **188** Roman Samborskyi; **190** (a) liudmilachernetska, (b) Kiattisak Lamchan, (c) mrwed54, (d) Olena Yakobchuk, (e) - -AQ395; **192** Askolds Berovskis; **194** (a) Askolds Berovskis, (b) Andrey Zhuravlev, (c) - -AQ395, (d) olegdudko, (e) Maciej Koza, (f) Luiz Ribeiro Ribeiro, (g) Olena Yakobchuk, (h) Roman Samborskyi, (i) Luiz Ribeiro Ribeiro, (j) mrwed54, (k) Roman Samborskyi, (l) serezniy, (m) Kiattisak Lamchan, (n) liudmilachernetska, (o) andriano; **196** alinamd; **198** (a) ljupco, (b) lightfieldstudios, (c) Tatiana Gladskikh, (d) Josep Curto, (e) djomas; **200** Bongkarn Thanyakij; **202** (a) Alexandr Ermolaev, (b) freestyledesignworks, (c) Igor Boldyrev, (d) dwiputras, (e) bonzami Emmanuelle; **204** (a) Elena Skorobogatova, (b) alinamd, (c) aspi13, (d) Markus Mainka, (e) grafner; **206** (a) ljupco, (b) Markus Mainka, (c) lightfieldstudios, (d) alinamd, (e) djomas, (f) Tatiana Gladskikh, (g) Josep Curto, (h) dwiputras, (i) Alexandr Ermolaev, (j) grafner, (k) Igor Boldyrev, (l) bonzami emmanuelle, (m) aspi13, (n) freestyledesignworks, (o) Elena Skorobogatova; **208** absent; **210** eagle2308, (b) thvideo, (c) altitudevisual, (d) prazis, (e) Oleksandr Lutsenko; **212** Viktor Pazemin; **214** Kateryna Sheviakova; **216** (a) grazvydas, (b) kzenon, (c) dennizn, (d) tktktk, (e) Hakon Jarle Sveen; **218** (a) dennizn, (b) Kateryna Sheviakova, (c) thvideo, (d) Hakon Jarle Sveen, (e) eagle2308, (f) Viktor Pazemin, (g) altitudevisual, (h) abscent, (i) prazis, (j) abscent, (k) grazvydas, (l) Viktor Pazemin, (m) tktktk, (n) kzenon, (o) Oleksandr Lutsenko; **220** (a) Irina Schmidt, (b) Liudmyla Lysenko, (c) Nino Alberto, (d) gjerome69, (e) Yevhen Roshchyn; **222** (a) Daniela Simona Temneanu, (b) lacheev, (c) Roman Samborskyi, (d) Roman Samborskyi, (e) Roman Samborskyi; **224** jafara; **226** (a) earthscapeimagegraphy, (b) Evgenii Krasnikov, (c) fahroni, (d) Jaromir Chalabala, (e) pakhnyushchyy; **228** Vladislav Zolotov; **230** (a) Jaromir Chalabala, (b) Liudmyla Lysenko, (c) lacheev, (d) Roman Samborskyi, (e) Roman Samborskyi, (f) pakhnyushchyy, (g) gjerome69, (h) Yevhen Roshchyn, (i) Roman Samborskyi, (j) Daniela Simona Temneanu, (k) Nino Alberto, (l) Evgenii Krasnikov, (m) fahroni, (n) earthscapeimagegraphy, (o) Irina Schmidt; **232** (a) sai0112, (b) Ian Allenden, (c) Oleg Doroshenko, (d) sai0112, (e) facesportrait; **234** Juthamat Yamuangmorn; **236** (a) mattlphotography, (b) Kateryna Onyshchuk, (c) chajamp, (d) khosrork, (e) teerapat pattanasoponpong; **238** (a) Phongthorn Hiranlikhit, (b) Roman Samborskyi, (c) ascom73, (d) ascom73, (e) ra2studio; **240** Ismagilov; **242** (a) ascom73, (b) khosrork, (c) sai0112, (d) Ian Allenden, (e) chajamp, (f) ascom73, (g) Oleg Doroshenko, (h) sai0112, (i) ra2studio, (j) facesportrait, (k) Roman Samborskyi, (l) teerapat pattanasoponpong, (m) mattlphotography, (n) Kateryna Onyshchuk, (o) Phongthorn Hiranlikhit

PONS

Deutsch von 0 auf 500

Bearbeitet von: Torsten Lasse, Dr. Christiane Wirth

Warenzeichen, Marken und gewerbliche Schutzrechte
Wörter, die unseres Wissens eingetragene Warenzeichen oder Marken oder sonstige gewerbliche Schutzrechte darstellen, sind als solche – soweit bekannt – gekennzeichnet. Die jeweiligen Berechtigten sind und bleiben Eigentümer dieser Rechte.

Es ist jedoch zu beachten, dass weder das Vorhandensein noch das Fehlen derartiger Kennzeichnungen die Rechtslage hinsichtlich dieser gewerblichen Schutzrechte berührt.

1. Auflage 2024 (1,02 - 2025)

www.pons.de

Projektleitung: Helen Schmidt
Innenlayout: zweiband.media, Berlin
Coverbild: Adobe Stock/Modern Design & Foto
Logoentwurf: Erwin Poell, Heidelberg
Logoüberarbeitung: Sabine Redlin, Ludwigsburg
Druck: Publikum d.o.o.

ISBN 978-3-12-516399-7

So klappt die deutsche Aussprache

Damit du die Wörter richtig aussprichst, steht neben jedem Wort eine Lautschrift mit den Zeichen des International Phonetic Alphabet (IPA). Im Folgenden haben wir die Laute für dich zusammengestellt, damit du sie immer im Überblick hast.

[a] – wie in V**a**ter

[ã] – der gleiche Laut wie [a], aber nasal, wie in Restaur**ant**

[ɐ] – wie in Tocht**er**

[ɐ̯] – der gleiche Laut wie [ɐ], aber als Halbvokal, wie in He**r**d

[ai] – Kombination aus [a] gefolgt von [i] innerhalb derselben Silbe, wie in W**ei**n

[au] – Kombination aus [a] gefolgt von [u] innerhalb derselben Silbe, wie in H**au**s

[ç] – stimmloser Laut, wie in Mil**ch**

[ɔ] – offener Vokal, wie in P**o**st

[e] – geschlossener Vokal, wie in W**e**g

[ə] – schwacher, oft unbetonter Vokal, wie in Katz**e**

[ɛ] – offener Vokal, wie in **e**ssen

[i] – geschlossener Vokal, wie in Bab**y**

[ɪ] – fast geschlossener Vokal, wie in T**i**sch

[i̯] – der gleiche Laut wie [i], aber als Halbvokal, wie in Rad**i**o

[j] – wie in **j**etzt

[l] – wie in schne**ll**

[l̩] – der gleiche Laut wie [l], aber als Träger einer Silbe, ähnlich wie ein Vokal in anderen Wörtern, wie in Löff**el**